邪馬台国は畿内大和にはなかった

藤本　昇

櫂歌書房《とうかしょぼう》

はじめに

邪馬台国はどこにあったか。九州か畿内大和か。江戸時代の新井白石や本居宣長などからはじまる論争がえんえんと続いてきた。

考古学界では邪馬台国畿内大和説が99％と豪語される。

しかし、一般国民はそうは思っていない。

二〇〇七年ＮＨＫの調査では67％、つまり三人に二人は九州説で圧倒的である。近畿在住の人でも35％が九州説であった。

この違いはどこから生じているのだろうか。

魏志倭人伝で「南邪馬台国に至る」の南は東の間違いと決めてかかり、中国では出土しない三角縁神獣鏡を卑弥呼の鏡とするために、特鋳鏡説など考古学とは無縁の理屈で人々を煙に巻いている。

本書ではテーマごとに大きく四章に分けている。

第1章では倭人伝で混乱の原因となっている「里数」と「日数」を漢書

で調べると漢本土では「里数」しか使われず、西域などの夷蛮の地では「日数」と使い分けされている。つまり、中華思想（華夷思想）のもと差別的に使われていることから倭人伝を素直に解釈できるようになった。

第2章では東遷とも東征とも言われる邪馬台国の移動について、倭人伝にかすかに見える痕跡からその軌跡をあぶり出す。

国中安定してから女王に与えた「檄」と「告喩」の中身はなにか。著者陳寿を知ることで多くの疑問がとけてくる。当時の東アジアの情勢からおのずと魏にとって最上の策が出てくる。つまり、弱小連合の倭国では役に立たないが、東方の倭種と中央集権的な統一倭国を作れば魏国の遠交近攻の国として十分利用出来るようになる。その結果、大和の纏向遺跡が三世紀中頃から急激に膨張してヤマト朝になった。

第3章では畿内大和説の根幹をなす三角縁神獣鏡について検証する。

この鏡は従来特鋳鏡説、伝世鏡説、紀年銘鏡説などがまことしやかに説かれてきたが、考古学的事実を無視した非論理的なものが多い。

近年科学機器の進歩により鏡の真の姿がわかってきた。

まず鏡成分の鉛同位体比が出てきたが、四個あるデータの内二個しか使わないため三角縁神獣鏡と華南系鏡の違いがわからなかった。

しかし、四コのデータ全部を使った四軸のレーダーチャートでは両者の違いが一目で判別できるようになった。

デジタルマイクロスコープによる精密な観察から伝世鏡説の根幹である「手ずれ説」が完全に否定されてしまった。

また、三次元レーザー光観測によりこの鏡の舶載鏡、仿製鏡の区分も否定された。

以上の結果から三角縁神獣鏡が魏の皇帝から貰ったとする卑弥呼の鏡説は否定され、この鏡に基づく畿内大和説は存続出来ないこととなる。

以上のべてきた事が考古学的事象に合わなければただの空論であろう。

最終となる第4章では鏡や絹、纏向遺跡などについて検証を行ったところ、考古学的事象と良く合致することがわかった。

これら倭人伝、西日本諸国家の東進による統一倭国大和纒向の誕生、科学機器による三角縁神獣鏡の卑弥呼の鏡説の否定、考古学的事実が四者一体となって邪馬台国畿内大和説の存続を否定している。

目次

第4章　考古学的検証 —— 137

第1章　邪馬台国はどこか

混迷の始まり

　邪馬台国がどこにあったのか。魏志倭人伝にはどこにあったのか書いてあるはずであるが定まらない。
　魏使が来た経路は対馬から壱岐、又海を渡って末盧国《まつろ》、そこから
　東南陸行五百里到伊都国・・・・・・・・・・有千余戸
　東南至奴国百里・・・・・・・・・・・・・有二万余戸
　東行至不彌《ふみ》国百里・・・・・・・・・・・・有千余家
　南至投馬国水行二十日・・・・・・・・・・可五万余戸
　南至邪馬台国水行十日陸行一月・・・・・・可七万余戸と里数から邪馬台国は突如日数表記になる。
　この記述の通り「南へ水行十日陸行一月」の所というと九州も遠く通り過ぎて太平洋へと出てしまう。
　畿内大和説はこの南は東の間違いであり、水行十日陸行一月の距離には畿内大和が該当する。だから邪馬台国はこの地だとする。

その証拠に混一彊理歴代国都之図《こんいつきょうりれきだいこくとのず》をあげ、この中で本州は南に書かれ、本来の位置から九十度ずれているからという。

しかし、この説ははじめに目的ありの論であろう。つまり、邪馬台国を畿内大和に比定するため倭人伝の解釈を都合よく変えようとするものである。

一方、九州説の人も負けず劣らずこの「陸行一月」は一日の書き間違いと安易に都合よく解釈しているようである。

この「水行十日陸行一月」をどう解釈するかが邪馬台国問題では避けては通れない難問となっている。

お江戸の昔から新井白石、本居宣長をはじめとして、多くの学者先生が頭を突っ込んでもわからずじまいで終わっている。

主な邪馬台国論

邪馬台国がどこにあったか。先学の論を簡単に見てみよう。

まずは江戸時代に新井白石が最初は邪馬台国畿内大和説であったが、その後筑後山門郡が該当すると変更している。

本居宣長は古事記の研究者として知られているが、日の本のこの国が中国の支配に入るわけがない。大和が邪馬台国であり、九州の豪族が勝手に女王卑弥呼の名をかたって魏に入貢したものであるとしている。

その後明治時代になって京都大学の内藤虎次郎（湖南）氏の大和説と東京大学白鳥庫吉氏の九州説との激しい論争があった。

内藤氏は七万余戸の大国である邪馬台国は大和以外には考えられないから、南は東の間違いとするが、狗奴国ははるかに離れた九州肥後にあるという。しかし、邪馬台国の南に狗奴国があるという記述とまったく合わない。

その余の傍国も比定しているが、東は遠江から播磨などあちこちに飛び、倭人伝では「次に斯馬国有り、次に己百支国有り」と国が次々に連なって記述されているが、全くバラバラで合っていない。

一方、白鳥氏は帯方郡から邪馬台国まで一万二千余里、行程記事どおり不彌国までの里数は千三百余里しかない。だから九州にあったとする。邪馬台

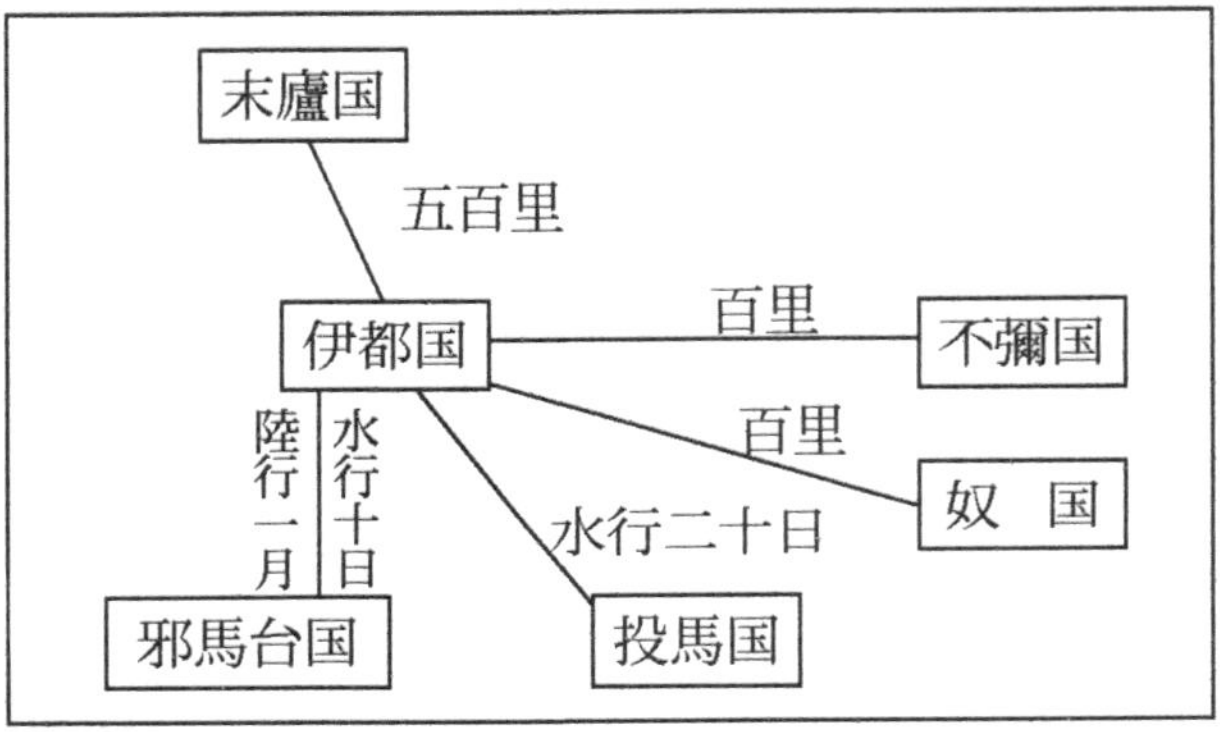

国は筑後山門郡で狗奴国は南九州の熊襲国とした。

榎一雄氏は魏使が来たルートについてこれまでの直線式に解釈していたのを伊都国から図のように放射式に読むことを提示し、邪馬台国は筑紫平野にあるとする。

魏使は伊都国迄は行ったがそこから先へは行かず倭人の伝聞とした。

井上光貞氏は郡から邪馬台国まで一万二千余里という里程記事があるので九州説が有利とする。

「女王国の東、海を渡る千余里、復国有、皆倭種なり」この一文は邪馬台国が九州北部であり、その東の本州、四国の倭人を記述したものとすると理解しやすいという。

邪馬台国を筑後・肥後にわたる広大な文化圏、狗奴国を肥後南部以南、投馬国を日向に比定している。

小林行雄氏は京都大学富岡謙蔵氏、梅原末治氏の説を引きつぎ、考古学の立場から三角縁神獣鏡が卑弥呼が魏からもらった銅鏡百枚であると説く。この鏡が近畿地方に多く、同笵鏡が全国に分布するのは大和朝が配布したためであるから邪馬台国は大和にあったとする。

（その当時この鏡は百枚を越した程度で、この説がもっともらしくみえ受け入れられた。しかし、現在ではこの鏡は五百枚を越えており、この説の骨格となる手ずれ説は科学機器による精密な観測により否定され、この説は存亡の危機に直面している。）

橋本増吉氏は不彌国以下千三百余里にある邪馬台国は比較的近いヤマトの地名を持つ筑後山門とする。里程記事は中国人の算定であろうが、日程記事は倭人からの伝聞とする。

この日程は魏志が書かれた二八〇年頃にはすでに中国に知られていた「大和朝」への行程としている。

和辻哲郎氏は近畿の銅鐸圏と北部九州の銅矛銅戈圏を提示したことで知られている。

当然邪馬台国は北部九州説であったが、京都大学に行ってからは大和説に変っている。

大和岩雄氏は卑弥呼は北部九州の邪馬台国、台与の時代は大和で、女王の都は二ヶ所あったとする。二五〇年初頭に東遷したとみる。

北部九州にあった卑弥呼の女王国と台与の大和にあった邪馬台国を一緒にして書いてしまったから距離・方位に矛盾と混乱を生んでしまったとされる。

里数でなく日数で記しているのは女王国に魏使は行ったが、台与の邪馬台国へは行っていないからとする。

古田武彦氏は邪馬臺国はなく邪馬壹国が正しいとする。紹熙本、紹興本が壹となっており、臺という字は天子の宮殿を表わす「神聖至高の文字」であるから卑字である「邪馬」に連なることはないとされる。

（しかし、後漢書で邪馬臺国、梁書、北史、太平御覧など古い時代のものは皆「臺」になっており、隋書でも「魏志の邪馬臺国」としている。）

「南至邪馬壹国水行十日陸行一月」は帯方郡から邪馬壹国への所要日数で、「陸行」は朝鮮半島に上陸しジグザグの道を歩き続け狗邪韓国にいたる所要日数とするユニークな説である。

安本美典氏は邪馬台国は福岡県朝倉市（旧甘木市）一帯とする。大和の地名と甘木市近辺の地名がよく似てその配置もよく一致する。天皇の平均在位年数を統計処理すると卑弥呼は天照大御神と一致するという。

奥野正男氏は邪馬台国は佐賀県の吉野ケ里とする。

「南至邪馬台国水行十日陸行一月」は帯方郡から邪馬台国までの必要総日数である。陸行一月は北部九州を西へ大まわりして吉野ケ里までの所要日数とされる。

肝心なところに「裴注」がない

邪馬台国の所在地は北海道、東北の一部を除いた日本列島の各地に八十カ所以上あり、海外でも遠くエジプトやフィリピンなどもあり、よくもまあ考えつくものだとあきれる程の邪馬台国がある。

その結果、倭人伝でうんぬんする時代は終わったと言われることになる。しかし、この倭人伝がなければいくら考古学的遺物が集積されても、卑弥呼や邪馬台国の姿を見ることはできないであろう。

倭人伝を理解するには東夷伝を読めと言われる。そこには公孫淵滅亡後も安定していない朝鮮半島がみえてくる。

さらに三国志を読んで驚いたのは本文にくらべて裴松之の注（以下「裴注」と言う）が本文に匹敵するほど異常に多く、注であふれかえっている感さえある。注意して読まないといつの間にか裴注を本文と思って読んでいる。

そこで疑問が生じてきた、本文にくらべて裴注がいたる所にあるのに、我々日本人が解釈に四苦八苦している肝心なところになぜ裴注がないのか。

倭人伝にも裴注は二カ所ある。

◎其の人の寿考は或いは百年、或いは八九十年なり。裴注　魏略に曰く、その俗正歳を知らず。ただ春耕秋収を記して年紀となす。

◎絳地縐粟罽《こうちすうぞくけい》十張。裴注　臣松之おもうに「地」は綈に為すべし。漢の文帝帛衣《はくい》を着て之を弋綈《よくてい》という。魏朝の誤記でなければ、伝写者の誤りである。

裴注がないということは当時の漢人にはなぜか「註釈がいらないか」「注がつけられない」という常識というか、暗黙の了解があって不要ということであろう。ならばそのなぜかについて知る必要がある。

疑問が生じた所はもちろん「南至邪馬台国水行十日陸行一月」である。不彌国まではみな里数表記なのに突如「水行十日陸行一月」となんのことわりもなしに日数表記になる。この木に竹をつないだような表記になるのはなぜなのか。

この解釈が人によって好き勝手に行われた結果、エジプトから日本国中邪馬台国のオンパレードになってしまっている。

この突然の記述の変更について引用した文献が違うためという人もいるが、深くほりさげてとりあげた人はいないようだ。

里数表記と日数表記

古田武彦氏は「邪馬台国はなかった」の中で、里数と日数表記について、漢書西域伝の中で

難兜国《なんとう》　西南、罽賓国《けいひん》に至る三百三十里
罽賓国　東北、難兜国に至る九日行

という例を挙げている。

両国間の同一ルート、同一区間において、一方は「里数」で、一方は「所要日数」で表されていることから、中国の史書では、距離を表すのに「里数」「日数」の二通りの表記の先例があるとされる。しかし、ここに落とし穴がある。

辞書では「里数」は里を単位として距離を表す言葉であるが、「日数」は何かをするに要する日にちの数で必要時間数を示すもので、本来距離を表す

言葉でない。

人や国で変化する所要時間を表す「日数」と距離を表す「里数」を同じ土俵やウェイトでもって解釈したために混乱を生じたようにみえる。

原文では上図のように両国からの表記は別々に書いてある。つまり里数と日数が同一国からのものではなく、難兜国からは西南三百三十里で罽賓国に到る。一方、罽賓国からは東北にある難兜国へ行くのに九日行と書いてある。

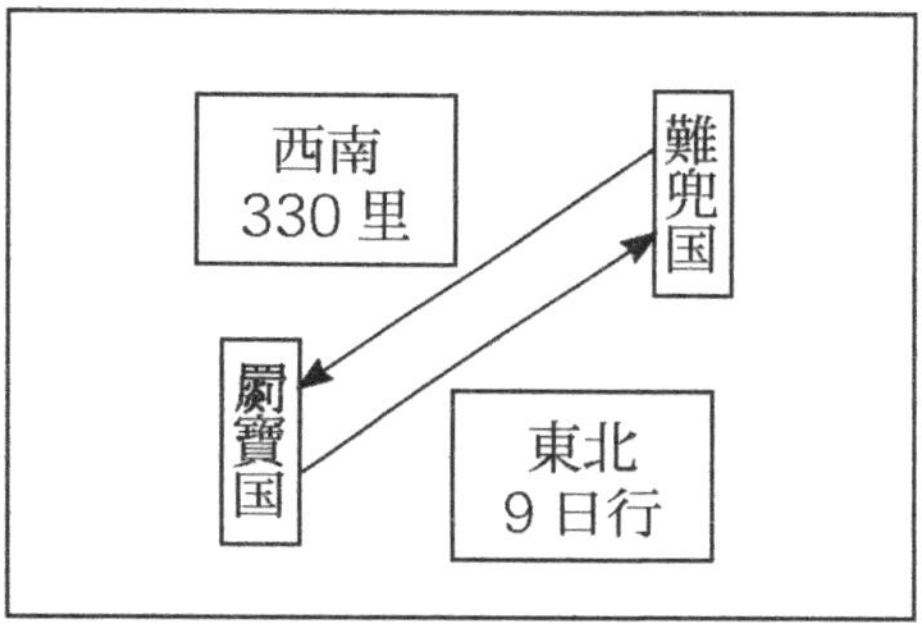

さらに「漢書地理史」を読んでみた。

そこには西暦紀元前なのに人口、戸数がきちんと書いてある。さすが、「中国四千年の歴史」と中国人が威張るのもむべなるかなと思う。

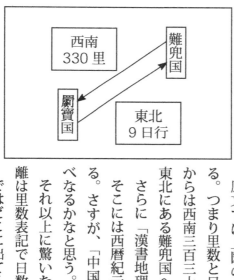

それ以上に驚いたことは漢の領域である本土ではすべて距離は里数表記で日数表記はないということであった。

ではどこに出てくるか。地理志第八上で漢の領域について最後の郡国単位でまとめて記した最後の南蛮の所にやっと出てくる。

えつの地の条

「日南郡の障塞《とりで》、徐聞《じょぶん》県、合浦《ごうほ》郡などより南方海上に出れば、船行五ヶ月ばかりのところに都元《とげん》国があり、また、船行四ヶ月ばかりのところに邑盧没《ゆうろぼつ》国がある。さらに船行二十余日ばかりに諶離《しんり》国があり、歩行十余日ばかりのところに夫甘都盧《ふかんとろ》国がある。(以下省略)

つまり、漢の支配の及ばぬ南蛮の国、漢の文化、教化が行き渡っていないところは「里数表記」が出来ないので、夷蛮の距離の表記法として「日数表記」が使われているようである。

そこで夷蛮の一つである西域ではどんな表記になっているだろうか。

西域伝第六十六上、下でみていこう。

且末《しょまつ》国　南は小宛《しょうえん》国まで徒歩三日ばかりの行程

精絶国　南は戎盧《じゅうろ》国まで徒歩四日の行程

難兜国　西南罽賓国まで三百三十里

罽賓国　都護の管轄に属しない
　東北は難兜国まで徒歩九日の行程
烏弋山離《うよくさんり》国　都護に属せず
　東北は都護の治所まで徒歩六十日の行程
　行程百余日ばかりで条支国に至る
安息《あんそく》国　都護に属しない
大月氏《だいげっし》国　都護に属せず
　西の方安息国まで徒歩四十九日の行程
康居《こうきょ》国　都護に属せず
　楽越匿地《らくえつとくち》まで馬で七日の行程
　王の夏の居所蕃内迄九千百四里
尉頭《いとう》国　西は捐毒《えんどく》国まで千三百里、近道を馬で二日の行程

など夷蛮の西域地方では日数表記が頻出している。

華夷思想による差別

漢書の距離の表記法として「里数」「日数」の二通りの方法が使われているが、文化教養の高い漢本土では「里数」だけが使われ、夷蛮で文化教養の低い西域地方では「日数」表記と使い分けがされている。

それが史書の書き方であり中国人の常識のようである。ということは中華思想つまり華夷思想そのものである。

この思想は漢民族と異民族を中華と夷に分けるもので、漢民族だけが一番立派で、周りの諸民族は夷狄《いてき》であって漢民族よりも劣っているという思想である。

夷狄とは中国周辺の国々で西戎《せいじゅう》（西域）、東夷《とうい》（朝鮮半島）、南蛮、北狄《ほくてき》（匈奴《きょうど》）などで倭国も東夷の中に入っている。

したがって、文化教養の高い漢人は距離を「里数」表記とするが、それより劣っている夷蛮の国々は「日数」表記というように差別的に使い分けされることになる。

「日数」表記は「里数」表記のようにきちんとした基準がなく、夷狄が勝手に言うものであるから「注」も出来ない。本当の距離はわからないが、まあ、そんなものですかと参考程度にしかならないという暗黙の了解が漢人にはあったと思われる。

だから倭人伝でも「里数」で書いている所は漢人が書いたもので信用できる。しかし、「水行十日陸行一月」というのは、基準のある「里数」と違って、基準のない「日数」表記には「裴注」はつけられないし、漢人もないよりはましかと参考程度にしか考えないので「注」などはいらないということになる。

隋書倭国伝（七世紀初頭）でさえ「夷人は里数を知らずただ日を以って計る」とある。

中国の皇帝に「日出づる所の天子、日沈む所の天子に書をいたす、恙無きや」と偉そうに書いているが、距離を里数で言わないなんて、まあ、あきれたと少し軽蔑した文章になる。

魏使は邪馬台国に来た

これまで魏使梯儁《ていしゅん》は伊都国迄は来たが、そこで止まり邪馬台国には行かなかったという説が強い。

しかし、倭人伝は正始元（二四〇）年帯方郡太守弓遵《きゅうじゅん》は建中校尉梯儁等を遣わし証書と印綬を奉じて倭国にいたらしめ、倭王に拝仮し詔をもたらし金、帛《はく》、錦、刀、鏡、采物を賜与したと書いている。倭王は使者に託して上表し、詔恩を答謝したとある以上、魏使が任務を放棄して途中から引き返すことはない。

梯儁は間違いなく来てその道程を里程で報告書に書いている。その里程が不正確で信用できないという人もいる。同じ千余里でも対馬壱岐間、壱岐末盧間で実際の距離では違いがあるからなどという。海上の距離は陸上のそれとは誤差が大きいのは事実であるが、今のように測距儀などない時代に少しぐらいの誤差があってあたり前であろう。

漢人にとっては少々の誤差など気にせずに距離を里数で表すことが肝要な

のである。

そういう目であらためて梯儁の来た道（経路のみ）をたどってみよう。

郡より倭に至るには海岸に循《したが》って水行し、韓国を歴《へ》て乍《あるい》は南し乍は東し、その北岸狗邪韓国に到る七千余里、始めて一海を渡り、千余里にして対馬国に至る。

また南に海を渡る千余里、名を瀚海《かんかい》といい一大国に至る。

また海を渡る千余里にして末盧国に至る。

東南陸行五百里で伊都国に到る。

東南奴国に至る百里

東行して不彌《ふみ》国に至る百里

そのたどって来た道は海上も含めてすべての距離は里程表記である。漢人の常識からすると魏使梯儁らはたしかに不彌国までは来ていることを示している。倭人は里程で距離を表すことは出来ないのだ。

畿内大和説も九州説も帯方郡から伊都国までは意見が分かれず国が比定さ

れている。

両説が一致するその地点から俯瞰すれば邪馬台国という究極の地も見えてくると思われる。

末盧国　唐津湾沿岸一帯で東の国境は佐賀県と福岡県境である鹿家《しかか》あたりであろう。ここは山裾が海岸まで達しており、伊都国との国境として順当であろう。

伊都国　西は鹿家から東は福岡市西区今宿の長垂《ながたれ》海岸までの範囲となろう。長垂海岸には長垂山からの火山岩脈ペグマタイトが海まで達し国境としてふさわしい。（図1参照）

さて、伊都国から先はどうなるか。

奴国　東南に百里の所にあるという。伊都国の境界福岡市西区長垂山から東の方面で、室見川、那珂川沿いの南。春日市あたりを中心とした一帯となろう。

東側は御笠《みかさ》川あたりが不彌国との境界となろう。

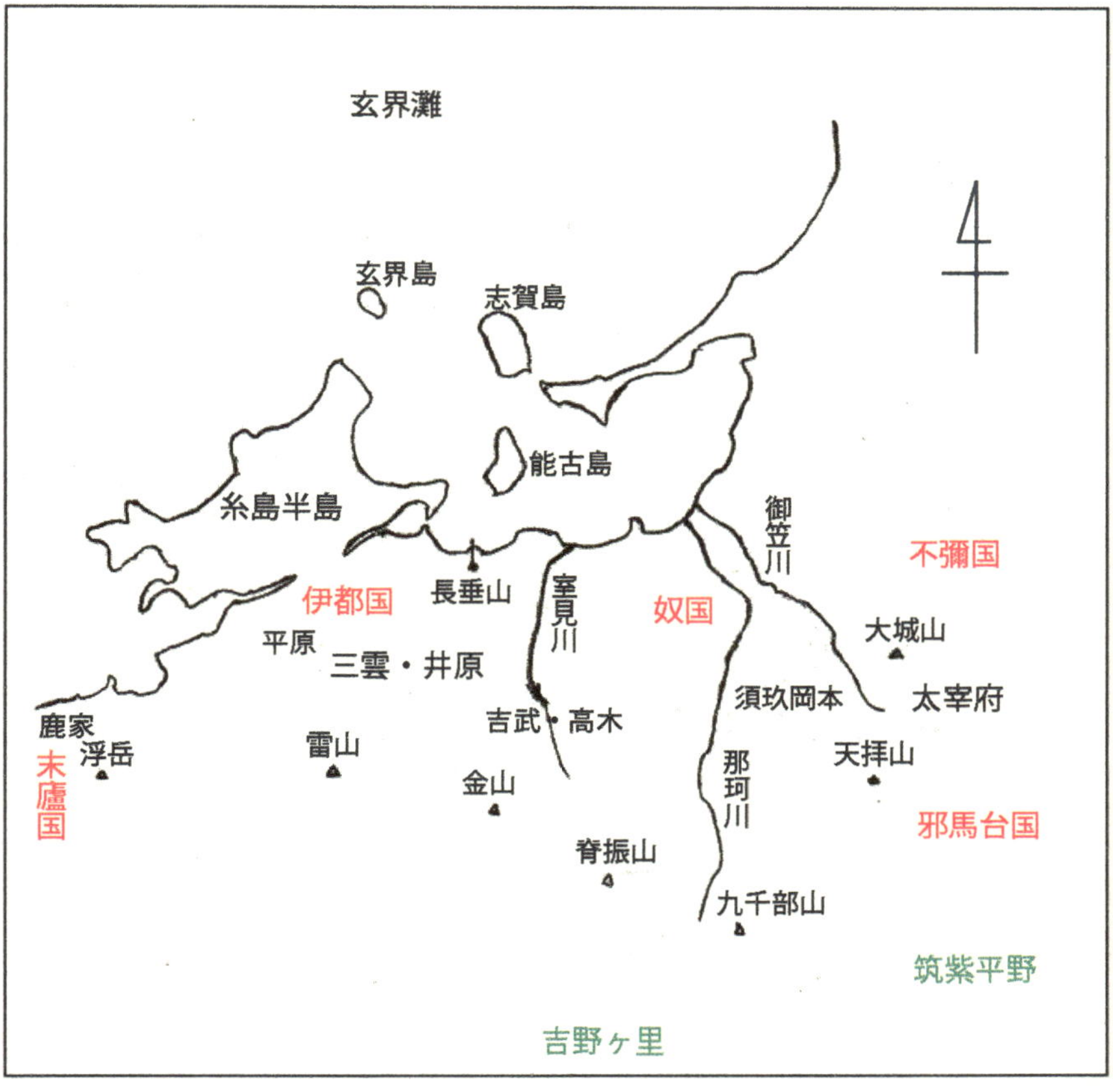
玄界灘
玄界島
志賀島
能古島
糸島半島
御笠川
不彌国
伊都国
長垂山
室見川
奴国
大城山
平原
三雲・井原
須玖岡本
太宰府
鹿家
吉武・高木
浮岳
雷山
天拝山
末盧国
金山
那珂川
邪馬台国
脊振山
九千部山
筑紫平野
吉野ヶ里

図１　邪馬台国

不彌国　東に百里行った所
御笠川以東が該当し、その領域は広く、福岡市の東部から粕屋郡一帯であろう。
これらの国を地図で表せば図1のようになる。国境は山や川でわかりやすい。

邪馬台国は筑紫平野

魏使の報告書には倭人の言葉である「水行十日陸行一月」の文言はなく、「南至邪馬台国女王之所都　官有伊支馬・・・」とあった。

邪馬台国は不彌国の南にあり、図1のように太宰府市以南の筑紫平野となる。その境界がどこか定めるのは難しい。

なぜか。国境とする目だった山もなければ川もない。住戸が入り混じりどこが国境というべきか困難なため「南至邪馬台国」となる。

しかし、倭人伝には余分な「水行十日陸行一月」の文字が入っている。

なぜ陳寿はこの句をここに入れたのか。

陳寿は晋の礎を築いた司馬懿が卑弥呼を「親魏倭王」とした功績を「親魏大月氏王」以上と賞讃する必要があった。

滅亡した蜀の史官であった陳寿は司馬懿の功績をより讃美することが、晋の史官としての己れの地位を確固たるものにすることを十分にわきまえていた。

それゆえ、邪馬台国をその生活や習慣を南国風に描き、呉国の東南海上の大国で戸数十五万戸と西域の大月氏国を凌駕する大国に仕立て上げ、戦略的価値の高い遠交近攻の大国として印象操作しようとしている。

注：遠交近攻　遠い国と親しくし連合して、近い国を攻め取ろうとする政策

なお、陳寿の執筆動機について第二章に詳述しているので参考にしてもらいたい。

そこに、「水行十日陸行一月」という倭人の文言が出て来た。

このフレーズ「水行十日陸行一月」はどこからきたのであろうか。これま

でに明らかにしたようにこれは漢人の言葉ではない。明らかに倭人の言葉である。

晋の国になった秦始二（二六六）年倭人が入貢した。倭国が東に移動したことを知っていた晋の役人が倭の大夫に尋ねた。

「不彌国から倭国までの距離如何?」

大夫は胸をはって答えた「水行十日陸行一月」。この文言は外交文書に記録された。

晋の史官である陳寿は当然この文書を見ることができた。できるだけ邪馬台国を南の位置にみせたい彼には絶好の文言であった。

そこで「南至」と有った文字はそのまま残し、「水行十日陸行一月」という倭人のフレーズを「女王之所都」の下に挿入した。

将来、本当の位置がわかったとしても、あれは倭人が言ったのをそのまま書いたもので私の責任ではありませんよと言いのがれも出来る。その証拠は戸数に書いてある。

それまでの

東南至奴国百里・・・有二万余戸

東行至不彌国百里・・・有千余家

と里程表示の国は「有（あり）」となっている。

しかし、日数表示の国はというと

南至投馬国水行二十日・・・可五万余戸

南至邪馬台国水行十日陸行一月・・・可七万余戸

と「可（ばかり）」と使い分けていて、これは倭人からの伝聞ですよと念を押している。

魏使と隋使の行程比較

それでも邪馬台国は大和だという人のために倭人伝の行程と隋書倭国伝の行程を比較してみよう。

倭人伝では不彌国から南へ行けば邪馬台国に到着してしまうのでそこで終

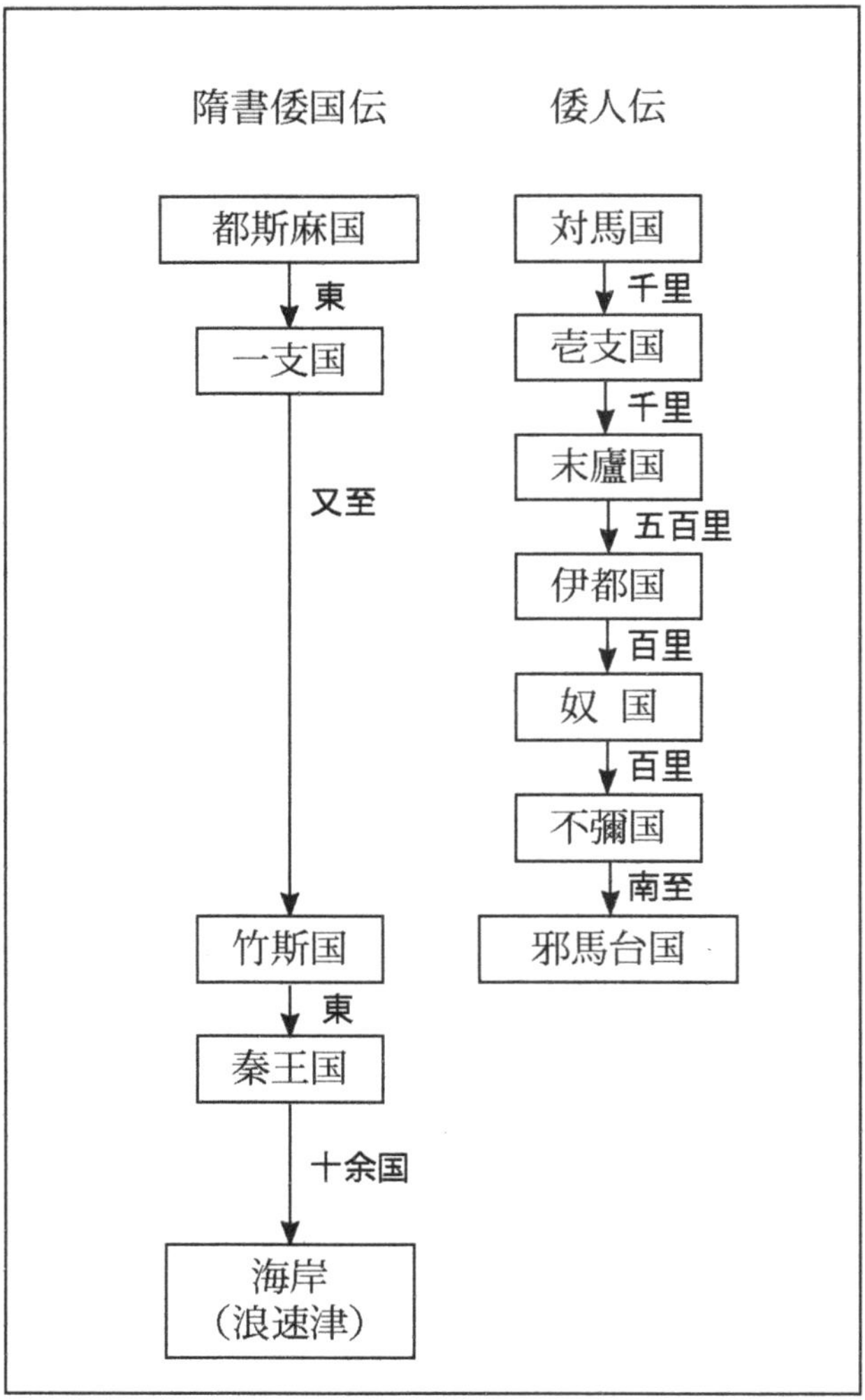
隋書倭国伝
倭人伝
都斯麻国
東
一支国
又至
竹斯国
東
秦王国
十余国
海岸
(浪速津)
対馬国
千里
壱支国
千里
末廬国
五百里
伊都国
百里
奴 国
百里
不彌国
南至
邪馬台国

わりとなる。

畿内大和には行っていないから途中に有る多くの国家についての記事は書けない。不彌国の南に邪馬台国が有り、その目的地に達した以上書く国はなかったし、必要もなかった。

しかし、隋書では竹斯国から又東へ行くと秦王国（周防国か）に至り、そこから十余国を経て倭国王の出迎えを受けた海岸（浪速の津）にいたったと途中の経過国数までちゃんと書いてある。

その記述がない以上畿内大和に邪馬台国があったとはとても言えそうもない。

狗奴国東海説はなりたつのか

邪馬台国畿内大和説にとって困った所がある。狗奴国である。倭人伝では邪馬台国の南に狗奴国有りとなっている。

大和の南になにがあるか。吉野山から南へつながるのは大台ケ原に続く山また山で、とうてい狗奴国などの存在は難しい。

そこに渡りに舟と言うべきか、後漢書のこの一文である。

自女王国東度海千余里至狗奴国雖皆倭種而不属女王
この一文にはみな惑わされる。後漢の方が魏よりも時代は古く、倭人伝とどっちが正しいのか、つい考古学者の狗奴国東海説を信じこみやすい。

女王国の東の方の海を渡ること千余里で狗奴国がある。

大和説にとって倭人伝の狗奴国は泣き所であったからこんな都合のいい文章はない。時代が後漢でずれているがそんなことはおかまいなし。東海地方こそ倭人伝の狗奴国だと盲信してしまった。

しかし、後漢書では東の方海を渡った所に狗奴国は有るとなっているが、東海地方は大和からは陸続きで歩いて簡単に行ける。わざわざ海を渡らなくても行けるのである。

この文章はどうして出来たのか。

後漢時代の倭国の情報は光武帝建武中元二（五七）年倭奴国、安帝永初元

（一〇七）年倭国王師升等の入貢位で少なかった。

范曄は五世紀の半ば頃後漢書を書いているが、三～四世紀も前の後漢時代の倭国情報は少なく、必然的に陳寿の倭人伝にたよらざるを得なかった。

したがって、後漢書の倭国の記事は倭人伝のつまみ喰いが多いことになる。

そのもっとも悪い例が拘奴国の文である。

文献史学ではこの後漢書の文はどう考えられているか。この文はもうはっきりと学者の間では解決ずみである。

後漢書が出来たのは五世紀の中頃とされる。

その頃の倭国は卑弥呼の死後二百年も経過して、旧邪馬台国は東に移りすでにヤマト朝になっていて、天皇が政治を行っている。

范曄は旧邪馬台国がそのままヤマト朝になり、後漢の時代から天皇が倭王だったと感ちがいをして
大倭王居邪馬台国　大倭王は邪馬台国に居ると書いている。

倭人伝では

㋑比女王境界所盡其南有狗奴国男子為王其官有狗古智卑狗不属女王

① ② ③ ④

㋺女王国東渡海千余里復有国皆倭種

と別の場所にある文章を

後漢書では

① ② ③ ④

㋩自女王国東度海千余里至拘奴国雖皆倭種而不属女王　と作り変えてしまった。

後漢書㋩の傍線部①②③④は倭人伝㋑と㋺の①②③④とを矢印のようにつないだ合成文であることがよくわかる。

その結果、倭人伝では女王国の南にあった狗奴国が大和の東に改ざんされてしまった。

文献史学では後漢書の拘奴国説は倭人伝の記事を捏造といえるぐらいに改

悪していることを明らかにしている。

それでも狗奴国東海説の人々は言い立てる。

その根拠に銅鐸が三遠式で近畿式と変っているからというが、その差は小さく銅鐸の祭祀そのものには変りがないのだからおかしな話である。

大和の前方後円墳に対し、東海地方は前方後方墳が多いからというが、後円であろうと後方であろうと円が方に変っているだけで祭祀そのもには変りがない。

卑弥呼の時代には前方後円墳などまだなく、その出現は早くても三世紀後半で時代がずれていることを無視した話でもある。

大和説で邪馬台国の都とされる纏向遺跡には東海産の土器が異常に多いからともいう。

倭人伝には狗奴国とは素より和せず、つまり文化の違いなどもあって仲が悪く一触即発の状況にあり、東海の土器がどうして纏向《まきむく》に異常に多いのか説明がつかない。

正始八（二四七）年には戦争が始まっている。当然戦には武器が必要である。

倭人伝には鉄の鏃や刀、矛の記述がある。

鉄鏃は表1に示すように福岡県が三百九十八コ、その南の熊本県が三百三十九コ。

鉄刀鉄剣は福岡県三百十二本、熊本県八十一本で、戦争をするに十分な数がある。

それに対し邪馬台国畿内大和説の奈良県では鉄の鏃はわずか四コ、狗奴国とされる岐阜県愛知県合わせても十一コで戦にならない。

鉄刀鉄剣などの武器は奈良県一本、岐阜県愛知県合わせても五本と極端に少ない。

これではとても戦争など出来そうもない。

また、畿内大和の墓はほぼ均一な方形周溝

表1　鉄器の県別出土数

県	鉄鏃	鉄刀・鉄剣等				合計
		鉄刀等	刀子等	鉄剣	鉄矛戈	
福岡	398	33	210	46	23	312
熊本	339	3	68	10	0	81
奈良	4	0	0	1	0	1
岐阜	0	0	0	1	0	1
愛知	11	1	3	0	0	4

墓で、鉄、銅などの武器をはじめ鏡などの副葬品も弥生時代にはない。

考古資料を見ただけでも狗奴国東海説などまったく存立する基盤がないのは明らかである。

それでもどうしても狗奴国東海説を唱える人は倭人伝ではなく、後漢書の拘奴国ですと「注」を書き入れる必要がある。

倭人伝の狗奴国と後漢書の拘奴国は同じ発音のクナ国であるが、字づらでは、倭人伝の狗奴国の狗は「犭」である。しかし、後漢書の拘は「扌」である。その点からも注が必要である。

南は東のまちがい？

倭人伝には不彌国から邪馬台国に至るには「南至邪馬台国女王之所都水行十日陸行一月」となっている。

邪馬台国畿内大和説では大和が邪馬台国であるときめつけて、この南は東の間違いと言われてきた。

戦後になって室賀信夫氏は龍谷大学図書館所蔵の「混一彊里歴代国都之図」で、倭国が朝鮮半島の南にあり本州が九州の南に縦長になり、九十度ずれているから南は東のまちがいだという。

その根拠としてこの地図が晋の時代の裴秀の地図によるものではないかとしている。しかし、その地図があるかというとどこにもない。大和説得意の「あるんだけどないんだよ。ないんだけどあるんだよ」と今はやりのヴァーチャルリアリティでいかにも有ったようにいう。この説を喧伝する人達はこれの全体図でなく、半島と中国東部の一部分（太点線の右部分）だけをカットして見せ、ほらこのとおり間違った位置にあるでしょうという。

この全体図は図２である。カットした部分図だけではわからないが、中国にくらべて朝鮮半島がことさら大きく描かれていることがわかる。

誰がこの地図をかいたのか。この地図は千四百二年朝鮮人によってかかれている。

半島では自らの所は大きく誇張することが知られている。

図２　混一彊里歴代国都之図
（1402年／龍谷大学学術情報センター大宮図書館所蔵）
右下の島が日本

古来、朝鮮族は中国にはかなわないが、倭国よりははるかに文化が優れているという、中国一番僕二番の伝統的な自己優位性を持っている。

したがって、半島は大きく倭はことさらに小さくかかれる。壱岐対馬の両島は常識として知られているが一島しかなく、きわめてずさんでとても地図とはいえないしろものであろう。もっともこんな地図と三角縁神獣鏡に頼らざるをえない大和説がいかに根拠薄弱なものかを露呈している。

このように地勢に疎《うと》い朝鮮人の作った地図をもって、三世紀頃の中国人の倭国の認識だとはとても言えず、このような図を引き合いに出すこと自体まちがっている。

「燕雀《えんじゃく》いずくんぞ鴻鵠《こうこく》の志を知らんや」という言葉もある。こんな朝鮮人の地図でもって大国の中国人の知識、認識をうんぬんすることなど出来ないことは明らかであろう。

NHKが平成十九年三月十四日「その時歴史は動いた」の中で、邪馬台国はどこかという問いに、九州説が六十七%、近畿説が三十三%と3人に2人が九州説であった。近畿在住者でも三十五%という高率で九州説が支持されている。

一方、考古学会は邪馬台国近畿説を信ずるものが九十九%と白石太一郎氏は豪語し、学徒や研究者を恫喝、自由な研究を抑圧し、九州説をとなえる人は学会から村八分されかねない雰囲気である。

事実、あるシンポジウムでも吉野ケ里遺跡で知られる高島忠平氏は自嘲気味に、「絶滅危惧種の九州から来ました」と言い苦笑を誘っている。

考古学はなぜ、いつから多数決の学問になり下がってしまったのか。一般国民と考古学者のこの落差、なぜ国民に支持されていないのか。学問として大事なところで間違っている点があるのではないか。

ＮＨＫは平成二十六年卑弥呼の特集番組で、この地図の一部分だけカットした図をみせて、南は東のまちがいだから邪馬台国は大和説が正しいように放送しているが、公正な放送を心がけねばならないＮＨＫが一方的な学者やコメンテーターだけを集めて邪馬台国は大和説で決まりというような放送をするべきではなかろう。

その点平成二十九年放送されたＮＨＫ―ＥＴＶの「知恵の泉」、ＢＳ―ＴＢＳの「諸説あり」では大和説九州説がきちんと紹介されており、担当ディレクターの眼力がよくわかる。

「逆説の日本史」で知られる井沢元彦氏は「古代史十五の新説」（宝島社）

で言う。

「日本の歴史学会はたとえば自分達の師匠にあたる人、先輩研究者が築いてきた学問の枠組みを大事にしようとするあまり、その枠にとらわれてしまう。そして、少しでもその枠組みに抵触する仮説が出ると、よってたかって叩き始める。これも「アカデミズムの歪み」と言えるかもしれません」。

同氏のこの文章は多くの国民の声を代弁しているのではないだろうか。だから考古学者が九十九％と豪語しても「やっぱり変だよね・おかしいよね」と一般人は思ってしまう。

それが九州説六十七％に凝縮されているのではないだろうか。学者が無理に無理をかさねているようにみえるのは筆者だけではなかろう。

学界では石器時代の捏造などというあってはならない事件をも引き起している。

この「混一彊里歴代国都之図」で本来の倭国の位置に書かれている地図が長崎県島原市本光寺にあることが知られている。室賀氏の説はなりたたない。

一大率は伊都国に治す

邪馬台国畿内大和説ではどうしても不都合な事を倭人伝には書いてある。女王国より以北には特に一大率を置き、諸国を検察せしむ。諸国之を畏憚す。常に伊都国に治す。

女王国の北方に一大率が居て諸国を検察している。その官は伊都国に常駐している。

女王国を大和にした場合、その北方はどこになるかといえば図3のように滋賀県、福井県で、少しずれても丹波あたりであろう。

伊都国は大和説の人も北部九州にあることでほぼ確定しており、大和のはるか西にあり、とても大和の北などというものではない。

だから大和説の人達は一大率にはあまりふれない。というよりふれられないのである。

一大率について言及した場合でもどこに置かれた機関か素知らぬ顔で通り

図３　邪馬台国と伊都国

過ぎざるを得ない。

一方、邪馬台国が筑紫平野にあれば図３のように、一大率が女王国より以北の伊都国に居るという倭人伝の記述にピッタリ合致することになる。

第2章

倭国統一国家の建設

卑弥呼の援助要請

「親魏倭王」となっていた倭国女王卑弥呼は狗奴国王卑弥弓呼と素より仲が悪かった。

正始八（二四七）年卑弥呼は帯方郡に遣使、狗奴国による攻撃の状を訴えた。そこで魏は塞曹掾史張政等に詔書や黄幢という魏の軍旗まで与えて倭に派遣し、難升米に狗奴国としっかり戦えと檄を作って告諭までしている。

しかし、不思議なことに狗奴国との戦がどうなったのか、肝心なことが書いてない。

三国志は史書というからには戦さをした以上勝ったか、負けたか、引き分けたかなどの結果が書かれていないとおかしいと思われる。

そこで、軍を出した戦さのその後について漢書ではどう書いてあるか調べてみた。

漢では匈奴がこれでもかこれでもかと毎年のように攻めこみ、多大な被害を受けている。

当然漢としてはそれを看過することは出来ず、その都度軍を出して討伐している。しかしそれでも匈奴は押しよせている。

その結果はやはり勝ったか、負けたか、引き分けたか、和平したか勝敗の行方が書いてある。

それでは「帝紀」によって数例みてみよう。

文帝十四（前一六六）年匈奴が辺境に侵入し、北地郡の都尉卬《こう》を殺した。三将軍を出した結果匈奴は敗走した。

元光六（前一二九）年匈奴が上谷に侵入し、役人や人民を殺害略奪した。車騎将軍衛青、騎将軍公孫敖《ごう》、驍騎将軍李広が出撃した。青は籠城に至り、敵の首級と捕虜七百を獲たが、広と敖は兵員を失って帰還した。

元朔二（前一二七）年匈奴が上谷郡、漁陽郡に侵入し、吏民千余人を殺戮略奪した。そこで将軍衛青、李息をつかわし、敵の首級と捕虜数千を獲、河南の地を手に入れた。

征和三（前九十）年匈奴が五原、酒泉を侵し両郡の都尉を殺した。弐師将軍李広利匈奴に降る。

史書であれば、例にあるように敗れたこともその結果が書いてある。

しかし、倭人伝には肝心の戦さの結果が書いてない。そのため水野祐氏は狗奴国が勝ったという説を出しているが、張政らを送り還したのは女王台与と書いてあるので狗奴国が勝ったということにはならない。

台与は卑弥呼の宗女でもある。

張政の仕事

卑弥呼の要請に応じて来た張政だが具体的な仕事は書いていない。狗奴国との戦果が書いてないということは戦闘がたいしたことなく終ったということであろう。

しかし、たいした仕事もしなかったようにみえる張政らが帰るにあたり、大使節団をもって送り帰しているのはなぜか。ほかになにかかなりの仕事をやったからではないかと思わせぶりな書き方である。

また、張政は帰国後倭国での業績が認められ、帯方郡の太守に抜擢されたという説もある。

そうであれば単に狗奴国を負かしたぐらいではそこまで抜擢されることはないであろう。

もっと大きな仕事を成しとげたということではないだろうか。

張政の当初の目的は

①卑弥呼の要請に応じ狗奴国を伐つ

②狗奴国と呉国が連携していないか調査

などであっただろう。

狗奴国との戦いの結果は

①狗奴国との戦いがたいしたことがなかった。中国人からみれば子供の戦争ごっこみたいなものであった（中国の戦車や騎馬もない）。

②狗奴国は呉国との交わりがなかった。

③魏国との交易の希望を持つ。狗奴国は邪馬台国に魏の黄幢が立っている

のを見て、戦さを止めた。（江戸末期、幕府軍は官軍との戦いで天皇の錦の御旗をみて戦意喪失したといわれている）。

魏にとってこれからどういう政策がいいのか。当時の東アジアの情勢をみればおのずから明らかになろう。

東アジアの動き

東アジアの動きを国ごとにみてみよう。

魏の動き

２２０年　曹丕魏を建国
２２６年　明帝即位
２２９年　波調を「親魏大月氏王」にする
２３４年　蜀の諸葛亮孔明　五丈原で病没
２３８年　公孫氏を滅ぼす　楽浪郡帯方郡も攻め取る
２３９年　斉王芳即位　卑弥呼遣使「親魏倭王」となす

２４２年　高句麗の宮　西安平を寇す
２４３年　卑弥呼再遣使
２４５年　楽浪太守劉茂、帯方太守弓遵領東の濊を討つ
２４５年　難升米に黄幢を賜い郡に仮授する
２４６年　高句麗を討つ・韓帯方郡の崎離営を攻撃、二郡遂に韓を滅ぼす
２４７年　帯方郡太守王頎着任卑弥呼遣使狗奴国との戦争報告、張政等派遣黄幢を授与
２４８年　卑弥呼没す
台与女王となる
２４９年〜２６１年　張政帰国
２４９年　司馬懿　政権を握る
２６３年　蜀を滅ぼす
２６５年　魏滅ぶ　司馬炎　晋を建国
２６６年　倭女王　晋に遣使

蜀その他地域との関係

２３４年　諸葛亮孔明の死去により、蜀は魏国にとって脅威ではなくなった。

今まで蜀に加担していた罽賓国などの西域諸国も孔明なしでは魏に反旗をひるがえす恐れはない。またその背後には親魏大月氏王が睨みをきかすことで西域地方は安定している。

北狄はどうか。前漢時代常に脅かしていた匈奴の力はこの時代急速に弱まった。烏恒《うがん》、鮮卑《せんぴ》とも魏の懐柔策で脅威ではなくなっていた。

呉の動向

２２９年　孫権　呉を建国

２３０年　衛温と諸葛直　１万人を率いて夷州、澶州を探索するも失敗、斬首さる

２３２年　公孫淵と手を結ぶ
２３３年　公孫淵を燕王に封ず
２３３年　公孫淵呉使の首を魏に送り楽浪公となる
２３７年　公孫淵　燕国を建立
２３８年　魏　公孫淵を討伐
公孫氏が滅亡した後も呉は遼東半島に介入　制海権の誇示
２３９年　遼東守将の張持、高慮を討つ

朝鮮半島の情勢

２３３年　公孫淵 呉使の首を魏に送り楽浪公となる
２３７年　母丘倹 公孫淵を攻めるが撤退す。７月淵自立して燕王となる
２３８年　魏 司馬懿 淵の燕国を滅ぼす 海路 楽浪、帯方の２郡を攻略支配する
２４２年　高句麗の宮 西安平を寇す
２４４年　幽州の刺吏 母丘倹 高句麗を討つ
２４５年　楽浪太守 劉茂、帯方大守 弓遵 領東の濊を討つ

魏が黄幢を難升米に下賜、帯方郡に託す
245年　韓、帯方郡の崎離営を攻む、太守弓遵と楽浪太守劉茂これを討つ、弓遵戦死するも遂に韓を滅ぼす
247年　帯方郡太守 王頎着任
247年　倭女王 卑弥呼 帯方郡に遣使 狗奴国との戦さを訴える

公孫淵の燕国を倒し、半島は安定化するはずであったが、魏との関係は悪化し、流動化し安穏ではない。

そこに倭国からの悪い知らせである。この対応を誤ると大変なことになる。

そのため王頎は塞曹掾史 張政らを派遣した。

注：塞曹掾史（郡域外の種族の慰撫、統率をつかさどる郡の役人）
黄幢（魏の軍隊の軍事権を象徴する黄色の旗（のぼり））

倭と魏の交渉

239年（景初3年）　卑弥呼 魏に遣使 難升米等 男生口4人女6人

240年（正始元年）
班布 2匹2丈
詔書報（倭女王曰「親魏倭王卑弥呼制詔・・・・」
建中校尉　梯儁等詣倭国、拝仮倭王
倭王因使上表 答謝恩詔

243年（〃 4年）
倭王復遣使太夫伊聲耆、掖邪狗等8人生口等献上

245年（〃 6年）
詔を発して倭 難升米 黄幢を賜与（帯方郡に仮授）

247年（〃 8年）
帯方郡太守 王頎着任
倭女王 卑弥呼 遣倭載斯・烏越等詣郡説相攻撃状。
遣塞曹掾史 張政等因齎詔書・黄幢、拝仮難升米
為檄告諭之
卑弥呼以死、大作冢
更に男王立てるも国中不服 更相誅殺
復立宗女台与 年13為王 国中遂定
政等以檄告諭台与

249〜261年
258年（晋書倭人伝）
台与 遣倭太夫率善中郎将掖邪狗等20人送政等還
因詣臺 献上男女生口30人 貢白珠5，000孔・

２６５年（泰始元年）　魏滅亡し 司馬炎 晋を建国
２６６年（泰始２年）　倭、晋に遣使

東アジアの状況をみてきたが、魏の対応はどうであろうか。

卑弥呼が魏に入貢した時、皇帝は破格のもてなしをし、お土産も大盤振る舞であった。

魏の皇帝にとってははるか彼方、大海を越えて卑弥呼の使いが来たことは中華思想（華夷思想）による皇帝の徳の高さを示し、呉や蜀に対して魏の権威を広く天下に示すことになった。

さらに、倭国の位置が帯方郡の東南大海中にあることで半島を牽制出来、呉の国の東の方に位置することで、非常に戦略的な価値が高かったためと思われる。

公孫淵滅亡後も半島では反乱が相つぎ毎年のように兵を出している。これ以上出兵したくないのが本音であろう。

「孫子の兵法」では戦さはあらゆる手段を使ってしないように工作しなければいけないという。負ければもちろん元も子もなくなり勝っても多大な軍費の出費で財政を危うくし兵という貴重な人材をも損なうことになる。とすれば当然呉や半島で戦争が起きないように、起してもその背後に強力になった親魏倭国がいるという遠交近攻を見せつけるのが最上の策となろう。

呉の動きはどうか

黄龍二（二三〇）年、衛温と諸葛直に一万人を率いて海路夷州《いしゅう》（日本か台湾とされる）と澶州《せんしゅう》を探索させたが、目的をとげなかったことで将軍は斬首されている。

呉は海軍が強くそれを誇示するように黄海や東支那海を絶えず動きまわり、いつまた倭国や半島をターゲットにするかわからない。

半島はどうか

公孫氏滅亡後も濊や韓は反乱を起している。

鎮圧はしたものの帯方太守弓遵は戦死している。この半島ではすきさえあれば乱を起す可能性が高く、信頼することは出来ない。

倭国はどうか

魏の柵封国として十分信頼出来来、半島や呉に対する遠交近攻の国として戦略的価値は高い。

しかし、その国力はというとそれぞれが小さな国の集りでとても戦力としてはおぼつかない。東の方にも同じ倭人が居り、これらの国を一つの倭国としてまとめれば、呉や半島諸国にも十分にらみがきき、万一の場合にも十分対応出来る国となるであろう。

陳寿の執筆動機

これから張政の働きを解明したいが、その著者である陳寿がどういう目的をもって倭人伝を書いたのか知る必要がある。

陳寿は四川省南充市に二三三年に生れ、元康七（二九七）年六十五才で死去している。

蜀の史書の編纂の職務についていたが、蜀の滅亡後晋に仕え、二八五年頃書いた「三国志」が高く評価され治書侍御史などを勤めている。

陳寿が「三国志」東夷伝のなかで倭人伝を詳しく書いたのは司馬懿の功績を賛美するためであった。なかでも邪馬台国の朝貢へ道を開いたことは彼の最大の業績である。

邪馬台国が東南の大海の彼方から波濤万里を越えて朝貢したのは、魏の天子の徳が遠くまで行きわたりその徳がそれだけ高いことを示す有形のバロメータとなる。

つまり、中国で覇権を争っていた魏、呉、蜀三国の中で、魏の君主としての権威と徳の大きさをおおいに高めることになった。

しかもこの国は孔子が蓬莱山の国として夷蛮ではあるが道が行われ、礼が守られている国としてあこがれ、移住したいとさえ思ったほどの素晴らしい国でもあった。

漢書地理史燕地の条では

東夷は天性柔順で南西北三方の外夷と異なっており、それゆえ孔子が道の行われないことを悼《いた》み、筏を設けて海に浮び、九夷の国に往って住みたいと望んだのも道理あることではないか。楽浪の海のかなたに倭人がおり、百余カ国に分れ、歳時ごとに来て物を献上し見《まみ》えたという。

そのため東夷伝中もっとも多くの字数でもって倭国をその目的にそってその他の国とは違って好意的に書いている。

①長幼の序、男女の寝所の別がある。

倭には家屋があり、父母兄弟が寝るときはそれぞれ場所を別とする。中国と同様に「長幼の序が有り、男女の別」のある礼により教化が行き届いた国である。

②女性が嫉妬しない、盗みも少なく、諍訟も少ない。

③倭人は長命である。

孔子があこがれた蓬莱山の国には神仙が住み、中国の東海上にあるとされていた。

倭人の寿命は八十、九十才、中には百才を越す者もいて、長寿であること

は神仙のイメージにかなうものである。

④性質が他の東夷とくらべて柔順である。

漢書では東夷は天性柔順で三方の外に異なると誉めている。

東夷伝で半島の朝鮮族は皆同じかというと少しずつ異なっている。

高句麗人　凶急（短気で荒っぽい）で寇鈔を喜ぶ（略奪強盗を好む）

　　　　　気力有（勇気）

東沃沮人　質直強勇（質実剛健）である

挹婁人　勇力多し（勇気がある）舟をたくみにあやつり寇鈔を喜ぶ

濊人　真面目で禁欲的で恥を知っていて物乞いをしない

韓人　彊勇（勇猛である）長幼男女の別無し

とそれぞれ種族の性格、行動が異なっていると書かれているが、倭人のよ

うに誉めては書かれていない。

陳寿はその職務上皇帝の詔や臣下の上奏文も見ることが出来た。当然梯儁の報告書も見て邪馬台国の所在地がどこなのか十分知っていたと思われる。しかし、彼は倭国の位置をより南の方にあると表わしたかった。

なぜか。それは当時の魏と呉の国の関係を抜きにしては語れない。

あくまでも彼は晋の史官である以上、司馬懿の功績をより偉大に見せるためには、倭国が呉の国を牽制出来る南方の国、呉の背後にあり遠交近攻の国として絶好の位置にある大国とする必要があった。

そのために倭国をより南方の習俗らしくより多く記述することになる。

①倭の地は温暖で冬でも夏でも生野菜を食べ、皆はだしである。

②男子は大小となく皆黥面文身す（会稽郡の風俗と同じでその道里を計るに当に会稽東治の東にあるべし）

③稲や麻を植え、蚕をかい、細い麻糸や絹や綿などの織物を作る。兵器には矛・盾・木弓を使う。木弓は下を短かく上を長めにし、竹の矢は鉄あるいは骨の鏃を用い、その他の産物も儋耳や朱崖と同じである。

この文は漢書地理志えつ地の条の儋耳、朱崖の風俗記事を基にして、倭国をより南の方にあるように仕むけている。

政敵の存在

司馬懿の政敵は曹操の甥曹真であり、曹真亡き後はその息子の曹爽であった。

曹真の最大の功績は太和三（二二九）年に西域の大月氏国を入貢させ。波調王（カニシカ王の孫）を「親魏大月氏王」にしたことである。

これは諸葛亮孔明の北伐に加担しようとした西域諸国の背後にある大月氏国という大国が遠交近攻の国として彼らの背後になることから、西域諸国を牽制することになり、曹真の大功績とされ大司馬に昇進している。

彼の死後その息子曹爽が実権を握って司馬懿の政敵となる。

司馬懿は公孫淵を景初二（二三八）年に討伐した。

そのおかげで邪馬台国の女王卑弥呼が入貢できるようになった。

卑弥呼の入貢は司馬懿の功績で有るが、呉の海上支配に対抗するため、西域の大月氏国の朝貢に匹敵するかそれ以上の重要性を示す必要があった。

そのため倭国は呉の南方にある大国で、遠交近攻の国としてきわめて重要な大国として書くことになる。

陳寿は邪馬台国がどこにあるか十分認識していたが、倭人は願ってもないような情報「水行十日陸行一月」を持ってきていた。

邪馬台国は統一新国家「ヤマト朝」になっていたが、泰始二（二六六）年晋の建国行事に使節団を送り出していて、晋国の外交記録にも残っている。

晋国の高官は魏の時代の邪馬台国が東に進んで出来た新国家ヤマト朝から派遣された使節団に尋ねた。

「どのくらい遠くになったのか。」

使節団長は臆することなく「投馬国に至るには水行二十日邪馬台国《ヤマト》に至るには水行十日、陸行一月」と答えた。この問答は外交記録として残されていたので陳寿はこれを見ることが出来た。

この問答の「邪馬台国に至る水行十日、陸行一月」こそが、邪馬台国を南の方、呉の背後にある国とみせたかった陳寿にとって願っても無い字句であった。

陳寿は倭国が呉の国の背後にあり、遠交近攻の戦略的見地から、より南にあるように見せるため、倭人伝の仕上げに際して「水行十日陸行一月」という最新の情報を「南至邪馬台国女王之所都」の下に書き入れた。

この夷人の使う日数表記の八文字の挿入によって、彼は邪馬台国をより南にあると印象づけることに成功した。

参考のため大月氏国と邪馬台国の国力などをまとめて表2に示す。

邪馬台国は東南海中に位置し、大月氏国を凌駕する大国であり、しかも孔子のあこ

表2　大月氏国と邪馬台国

	大月氏国	邪馬台国
遠交近攻の対象	西域諸国	呉国、半島諸国
戦略的価値	大きい	大月氏国より大きい
功労者	曹真	司馬懿
洛陽から	16370里	17000余里
戸数	10万	15万
人口	40万	60万

がれた蓬莱山の国でもある。そこの女王卑弥呼に魏朝の徳を慕って、はるか海の彼方から朝貢させた司馬懿の功績を称賛し、晋の建国の正当性を賛美することで、蜀出身の陳寿にとっては、晋国におけるおのれの地位を確固たるものにする一石二鳥どころか三鳥にも値するものであった。

耶馬臺国はあった

古田氏は「臺」は天子の宮殿を表わし、「神聖至高の文字」であるから卑字である「邪馬」に連なることはないとして「『邪馬台国』はなかった」を書かれている。

しかし、先述した事を勘案すれば邪馬臺国は大月氏国よりも大きな東南の大国であり、孔子が憧れた礼が守られ、道が行われる蓬莱山の国であれば「臺」という字を使うにふさわしい国と陳寿が考えたとしても不思議ではない。「臺」で表わされるようなすばらしい国の朝貢を司馬懿が可能にしたことで、大きな功績としてこれ以上の賛美の字はなかろう。

なぜ張政の業績を書かなかったか。

三国志が出来たのは二八五年頃とされ、晋の国になっている。晋国では邪馬台国の女王卑弥呼が魏の国に朝貢出来たのは司馬懿の功績と広く認識されている。

魏国は二六五年滅亡し、晋の国に禅譲されている。今さら魏の役人である張政らの功績（倭国を統一国家へと導いたことなど）を顕彰するような記事はまったく必要でないし、それを大大的に書けば司馬懿の功績を矮小化するおそれがあるのでうやむやにするほうが良かったと思われる。

泰始二（二六六）年晋の国に新生倭国が朝貢したことで、邪馬台国が東へ移り、統一倭国が誕生したことは周知の事実だった。

だから移動したことや倭国統一の輪郭を書くだけで十分目的を達しているから張政の業績を書かなかった。

晋の国では倭国統一の輪郭だけで十分だったのである。

「檄」とはなにか

狗奴国との戦いにあたり張政は難升米に「檄」を作って告諭し、黄幢をさずけた。

その結果戦いは張政が思っていた以上に簡単に終ったと思われる。

戦っていた狗奴国は敵陣の背後に黄色の黄幢が立ったのを見て仰天した。その黄幢は魏の皇帝が魏軍の軍事行動の全権をその部下に委ねたことを示す幟（旗さし物）だった。

狗奴国はその黄幢を見て、卑弥呼の邪馬台国を魏軍が全面的にバックアップしていることを悟った。

もとより魏を相手の戦闘などまったく考えていなかった狗奴国にとって大きな誤算であった。

そこで急遽張政等に戦いの中止を申し入れ、狗奴国ももともと魏と通交したいと考えていたが、卑弥呼がそれを独占したために事態がこじれて、小競り合いになったと釈明した。

張政等にとって一番の収穫は狗奴国が呉国と手を結んでいないことであった。あまつさえ狗奴国は魏の臣下になることを望んだ。

思っていた以上に戦いが早く終り平和になった。張政は男王を立てたがうまく国中がおさまらず殺し合いが続いたため、卑弥呼の宗女台与十三才を立てると国中遂に安定した。

そこで張政は「檄」をもって台与に告諭している。

狗奴国との戦いにあたって張政が難升米に「檄」を為《つく》りて告諭している。この場合、難升米にしっかり戦って勝利するように告諭しているのは当然であろう。

しかし、今、国中安定した後に張政は台与に告諭しているのだ。いったいなんのために檄になにを書いて告諭したのか。肝心の檄の中身が書いてない。

そこで倭人伝のこの「檄」はこれまでどのように訳されているかをみてみよう。

「三国志魏書」小川武夫訳ちくま書房のように台与に「いい政治をしなさ

いと諭した」というものが多い。

国が安定した今では「いい政治をしなさい」ということは女王であれば言わずもがなのあたり前のことで、わざわざ「檄」を作りて告諭するべき対象にはとてもならないように思える。

「魏志倭人伝を読む」の佐伯有清氏は解説では軍事にかかわる檄であったとされているが、巻末に読み下し文があるが訳文はない。

「魏志倭人伝の謎を解く」の渡辺義浩氏もまったく檄の中味には触れずそのまま直訳である。

しかし、おもしろいのがあった。「魏志倭人伝と邪馬台国」読売ぶっくれっとNo．10武光誠　読売出版の中で、「張政らが檄文で台与に祝意をつげた」と訳されている。

これでは「檄」本来の意味とはまったくかけはなれているようにみえる。

この本の監修は早稲田大学の水野祐氏である。狗奴国勝利説の同氏のユニークさから考えるとおかしくもないのだろうか。

以上いろいろと「檄」の訳文にあたってみたが、納得のいくような訳文がない。

そこで「檄」とはどんなものか調べてみた。

「檄」とは

大辞林　三省堂

自分の主張を述べて同意を求め、行動への決起を促す文書

檄を飛ばす―檄を方々に急いで出し、決起を促す。

世界大百科事典　平凡社

敵を威嚇し、説得するために用いたのが起源で、敵の罪悪とわが方の正義を明らかにして、大衆の心をつかむことが肝要とされる。至急に知らせるときは羽をさす。

大漢和辞典　諸橋轍次　大修館

一尺二寸の木の札に書いて使者にもたせた文書。ふれ、さとしぶみ

広辞苑　岩波書店

①昔の中国の徴召又は説諭の文書で木札に書いた。
②敵の罪悪などをあげ、自分の信義を述べて衆人に告げる文書、檄文
　角川漢和中辞典　角川書店
昔役所から人民に出した木札の文書、通告文を出す
　　檄を飛ばす―急の檄文を四方に触れまわす。
　新明解国語辞典　三省堂
人を呼び集める旨をしるした木札。人々をふるいたたせて積極的な行動をとるようにすすめる文書
　　檄を飛ばす―檄を書いて決起を促がす
　漢和辞典　旺文社
役所から人民を呼び集め、又は説諭するために出した木札、文書
　魏志倭人伝を読む　佐伯有清　吉川弘文館
木簡に書かれた触れ文、諭し文、廻状などの文書、ここでは軍事にかかわる木簡文書

顔師古「檄は木簡をもって書を為《つく》る。長さは尺二寸にして徴召（召し出すこと）に用ふるなり。告諭とは告げさとすこと。

「檄」については各事典等によりニュアンスが若干異なるが、大略次のようになる。

「檄」とは

一尺二寸の木札に敵の罪悪などをあげ、自分の信義を述べて同意を求め、行動への決起を促す文書と言える。

台与に与えた「檄」の中身

前節で檄とはどんなものか明らかになった。

張政は狗奴国との戦いが終って台与に「檄」を作って告諭している。戦闘中ならいざしらず国中おさまったのに告諭している。なにか不自然だ。

難升米には戦さにあたって「檄」を作って告諭している。これは当然であろう。

狗奴国との戦さが終って国中安定化した次の課題はなにか。

先に東アジアの状況をみたがそこから半島の情勢、呉の狙いがどこにあるか、魏の立場からみた倭のあるべき姿が浮んでくる。

張政の仕事には当時の東アジアの情勢が大きく関わっている。となれば当然彼のなすべき事がおのずからわかってくる。

一、呉の国と手を結ばせてはいけない。これが一番の目的となる。呉は海軍力にまかせて黄海や東支那海に睨みをきかせており、倭国をめざしていつ来てもおかしくない状況である。

二、半島は流動的でありいつ争乱が起きるかわからない。

三、この倭国は呉国や半島の南にあり、その背後から牽制出来る遠交近攻の国として、またいざという時に親魏軍としての利用も出来、魏にとってこのうえない国策となる。

四、そのためには邪馬台国と狗奴国が和平して国中が安定した今、東に住む同じ倭人をも統一した強い国にしたほうがよい。

敵である呉の国と連携されてはいけないので、魏主導で倭人の国を強くしたほうが魏にとっても周辺諸国の安定にも寄与できる。

だが末盧国、伊都国、奴国、不彌国、邪馬台国などは国と言っているがいずれも小さくて現代の郡程度の領域しかない。

魏からみれば市や町単位の集りでしかなく、とても国とは言えない。一応国同志が連合して倭国のようにみえるが権力が分散され、統一された中央集権国家とは見なせないので、「倭人伝」になっているようにもみえる。

だが倭国統一の可能性はあるのだろうか。

そこに「女王国東渡海千余里復有国皆倭種」

女王国の東の海を千余里渡った所に国があり皆倭種（人）である。

この文は地勢のことであるから、本来は最初の地勢を述べた所にあるべきなのに、なぜか政治の最初の所に入っている。それがこの張政の仕事の伏線ではなかっただろうか。

この文の強みは「東の海を渡る千余里」と距離が里程表記であることで、漢人が東の海を渡った所に同じ倭種の存在を保証している。

これらの国が合併すれば現在の小国連合にくらべるとはるかに大きな中央集権的な統一国家となる素地があり、魏にとっても好都合である。

統一して強い国になったはいいが、半島のように反乱でも起されては困る。だが漢書では倭人は東夷の中では唯一柔順で三方の外に異なるとされているのでまず心配ないだろう。

張政らは女王台与をはじめ魏の武官である率善中郎将難升米、同じく掖邪狗、率善校尉都市午利などの十名、狗奴国王など各国王も集めた。

そこで張政らは次のことを「檄」に印すとともに女王台与らにじゅんじゅんと諭した。

呉国はいずれ倭国を攻撃して来る可能性が高いこと。

半島情勢も流動的でいつ争乱が起きてもおかしくないこと。その場合この倭国の現状のバラバラの小国ではとてもかなわないこと。

この地の東にも同じ倭種が住み統一も可能であろう。統一すれば外国からの侵略にも十分対応出来る半島諸国を凌駕するすばらしい国になろう。

さらに交易が盛んになり社会はうるおい、民の生活はゆたかになる。

以上の事が檄に書かれ告諭された。

中郎将・校尉は魏の武官でもある

張政は檄をもって台与に告諭した。しかし、いくら張政が檄を飛ばしても受け入れ側にそれに共感し、実行に移す人物がいなければただの紙切れとなることもある。

魏の皇帝は倭国の女王卑弥呼に「親魏倭王」という称号を与えて君臣関係を結び、魏王朝の体制に組み入れた。

単に称号を貰ったというだけではなく、倭国王として魏王朝が正式に臣下の国として認め、事ある時はしっかり倭国を守り魏が後楯になっているという無言の圧力ともなる。

卑弥呼の援助要請に対し、魏はすぐに張政等を派遣して応えている。

もちろん、魏国の命令があればその指揮下に入り戦う義務も生じる。

中郎将や校尉とはどんな役職であろうか。

中郎将は武官で宮廷で君主に給仕する官である中郎を統率する官で、帝の命令を受けて職務にあたる。

校尉とは軍営などの部隊を意味する校を指揮する隊長で大隊長にあたる武官をいう。

中郎将や校尉などに任ぜられるということは単に光栄ある官位を貰ったというだけではなく、魏王朝の体制に組み込まれた武官ということになる。

一朝事ある時は魏の軍隊の指揮下に入ることになる。

これらの武将が正始元年率善中郎将難升米、率善校尉都市午利の2名、正始四年には大夫伊声耆、掖邪狗等8人が中郎将となり、倭国には十人以上いることになる。

彼等は海を渡って己の目でもって漢人の生活を見て新しい知識を得ること

が出来、首都洛陽までの半年に渡る魏の支配する道のりとその版図の大きさに度胆を抜かれる。

洛陽の都では政治、経済、文化や社会にふれ、壮麗な建物などに強いカルチャーショックを受けている。

この統一された国家、その上にたつ皇帝の強大な権力など彼我の国力の差に驚異の念を持たずにはいられない。

当然、彼等は統一国家や豊かな生活への憧憬を持つとともに強い願望ともなっている。

洛陽滞在中には魏と敵対する呉の国についてもいろいろな情報を得ることになる。

呉の国が数年前夷洲と澶洲を求めて万余の人間を出し探索したが失敗し、その将軍達は責任を問われて斬首になったことも聞いた。

その後も遼東半島の守将張持や高慮などを殺戮した呉の残忍性なども耳にしている。

その呉は公孫氏なき後もその海軍力を誇示するように近くの海を動きまわり、いつ倭国をターゲットにしてもおかしくない状況にあることも知ることになる。

倭国統一への東進

台与をはじめ各国王、魏の武官である中郎将難升米等は皆張政の告諭を受けその主旨を十分理解した。

なかでも中郎将や校尉に任官されていた者は洛陽で統一国家がいかなるものかを知り、呉国の脅威に立ち向う必要性を感じていた。

この国を強くて大きい統一国家にする絶好のチャンスをのがしてはならない。

彼等は西日本諸国に檄を飛ばし呉国の脅威を今の弱小国家ではとても対峙出来ないことを説いた。彼等は明治新政府樹立のために奔走した坂本龍馬的な働きで、西日本諸国に倭国統一の必要性を説いてまわった。

外国からの侵略の脅威を説き、統一すれば半島諸国をも凌駕し、交易はさかんになり、生活もゆたかになるという魏を後盾とした張政の「檄」の威力も大きかった。

同じ文化圏の出雲や四国をとりこみながら吉備など瀬戸内海沿いの諸国もまきこんでいった。

それでもなかなか賛同しない国もあったので秘策をも用いた。これまで北部九州で門外不出としていた絹や鉄の技術を倭国統一に賛同し行動を起した国に伝授していった。

この奥の手の効果は大きく、絹や鉄を欲していた国々はこぞって参加していった。

この東進は容易なものではなかったが、魏の国が後押ししていることを示す「黄幢」を掲げながら進んだ。

江戸幕府軍と明治政府の官軍が戦うことになった時、官軍が「天皇の錦の御旗」を掲げて進軍するとこれを見た武士たちは天皇の逆賊となることをお

図４　三角縁神獣鏡

それ戦意を喪失したという。

この「黄幢」はこの「天皇の錦の御旗」と同じ効果を示したのではないだろうか。

後世、この時の「黄幢」の威力を感じた人の中から三角縁神獣鏡を作る時に、この「黄幢」をシンボライズした笠松文様をこの鏡の中に取りこんだ可能性も高い。その骨材が天理市の黒塚古墳から出土したとも言われている。

大国の出雲や吉備の賛同によって讃岐、播磨などの瀬戸内海勢も次々と合流し、倭人の統一国家をめざして大きなうねりとなって大和へと向っていった。

なぜ大和に向かったのか。

大和は早くから東方の美しき国として北部九州に伝わっていた。北部九州と違って戦争も少なく銅鐸の祭りをする平和な国でもあった。

大和は瀬戸内海の東端の大阪から河内湖、淀川など水運の便が良く、日本海に出るにも、またさらに東にあるという未知の国々へ行くにも交通が便利であった。

平野も拡く、これから出来る新しい統一国家の伸びしろが十分にある魅力的な土地であった。

台与らは瀬戸内沿岸の諸国を巻きこみながら、大阪の港から河内湖へそして目的地の纏向の地へと進んだ。

大和ではこれに反対する勢力もあったが、同じ倭人が結束し統一した中央集権国家樹立が必要という大義名分には勝てず、最終的にはこれを受け入れた。

その新しい国家像は半島諸国をも凌駕し、経済も栄え、社会はうるおい民の生活はゆたかになるという夢と希望に満ちていて、一般大衆にもおおいに歓迎された。

時に三世紀半ば過ぎであった。

新国家建設に伴ない大和纏向の地では急激な町の膨張があり、それは三世紀半ば頃からであり考古学的事実と整合している。

大和の地で倭国の統一国家が順調に進み、その礎が十分に出来た事を見届けた張政らは帰国することになった。

台与らは彼らの業績に感謝し、盛大な送別使節団を結成し送り帰した。この使節団の団員は二十人とこれまでの最高だった七、八人にくらべると格段に多かった。

なぜこんなに多くの人が行く必要があったのか。単なる送別団にしては多すぎる。

大和では中央集権の統一国家として必要ないろいろな新しい行政組織が設置されたが、そこに必要な人材が不足しているため、有能な若人を魏の国で育成するために派遣したので人員が多くなった可能性がある。

たとえば江戸幕府から明治政府に体制が変った時、政府は人材不足を補うため勉学の志を持った若人を欧米先進国に送り出し、帰国したら新政府の重要な役職にとりたてている。

それと同じでそのため人員が多くなったと考えられる。

第3章　科学が畿内大和説を突き崩す

鏡による畿内大和説

邪馬台国の女王卑弥呼は景初三（二三九）年に魏国に使節団を送った。魏の皇帝はこの使節団を非常に喜び、卑弥呼を「親魏倭王」としたくさんのお土産の他に銅鏡百枚を与えた。

この銅鏡百枚が後世「卑弥呼の鏡」と言われるようになったが、この鏡がどんな種類のものかについては書かれていなかった。

日本で出土する鏡は神仙像と獣像が描かれ、縁が三角形に鋭く立ち上る三角縁神獣鏡と呼ばれるものがもっとも多い。この鏡が卑弥呼の鏡ではないかと明治の頃から言われだした。

小林行雄氏はこの鏡が畿内を中心に拡がっていることから卑弥呼の鏡は三角縁神獣鏡であり、ヤマト朝の伸展に伴ない全国にこの鏡を配布したという説を唱えたので、この鏡が「邪馬台国畿内大和説」の根幹をなしている。

その当時、この鏡は百枚そこそこでかなり有力な仮説として一世を風靡したが、現在では五百枚を越え、科学機器の発達で否定的になっている。

科学で揺らぐ畿内大和説

日本で一番数多く出土する三角縁神獣鏡について、明治の頃から卑弥呼が魏の皇帝から貰った銅鏡百枚という説が出ている。

当時は鏡に関する科学的なデータもなく、卑弥呼の鏡を決めようとすると数合せしかなかったのであろう。

しかし、今は違う。鏡中の鉛から鉛同位体比が科学機器の進歩のおかげで測定されるようになり、個別の鏡ごとにその値がわかってきている。

残念なことにこのデータを二軸のグラフでしか検討しなかったため、三角縁神獣鏡と華南系の鏡との違いが分からなかった。

これら豊富にあるデータを鏡の解析に積極的に活用しようとする人があまりにも少なかった。

三角縁神獣鏡を卑弥呼の鏡とする魏鏡説が二人、非魏鏡説が二人のわずか四人しかこのデータに取り組んだ人はおらず、肝心の考古学者は一人もいない。このためこの鏡の真の姿を知ることが出来なかったと思われる。

しかし、筆者の考案した四軸のレーダーチャートで鏡の同位体比を表わすとこの鏡と華南系の鏡とがきっちりと峻別出来ることになった。せっかくの科学の進歩によるデータもきちんと対応処理しないと宝の持ちぐされになるということであろう。

これまで伝世鏡説の根幹とされてきた手ずれ説であったが、清水克朗氏らによるデジタルマイクロスコープによる鏡の鋳肌の観察で手ずれであいまいもこに見えた文様にも鋳上ったそのままの鋳肌が良く残っていることがわかり、この手ずれ説は完全に瓦解してしまった。

三角縁神獣鏡は舶載鏡と仿製鏡に区分けされ、そのうちの舶載鏡が卑弥呼が貰った魏鏡の証拠と言われてきた。

しかし、奈良県立橿原考古学研究所の水野敏典氏は三次元レーザー計測の結果、舶載鏡と仿製鏡の区分はないことを明らかにした。

また、同研究所の清水康二氏も三次元計測の結果鋳型の傷の形や長さ、位置が舶載鏡、仿製鏡をとわず一致する鏡があるので、舶載鏡と仿製鏡の区分はなく日本製とされる。

以上、科学機器の進歩により今まで盤石とされてきた三角縁神獣鏡による畿内大和説は崩壊寸前にある。

鏡の混迷のはじまり

(1) 二軸グラフから四軸のレーダーチャートへ

銅鏡の鉛同位体比が測定されだしてから四十年近くたつ。この鏡の成分である鉛から得られる鉛同位体比という科学的データで鏡の本質が解明されるとおおいに期待された。

特に三角縁神獣鏡の鉛同位体比は特異的な数値範囲に限定されるので、この鏡の素姓が明らかになると思われたがいまだに卑弥呼の鏡であると盲信している人が多い。

銅鏡は銅、錫《すず》、鉛からなる合金である。

この中で鉛は質量数の異なる四種類の同位体（204Pb,206Pb,207Pb,

表3　鏡種別鉛同位体比

種別	鉛値（208Pb/206Pb）
前漢鏡	2.15 ～ 2.19
三角縁神獣鏡	2.12 ～ 2.14
華南系鏡（後漢鏡）	2.12 未満

208Pb）がある。

同位体が出来るのはウラン235やウラン238などの放射性物質が壊変《かいへん》して最終的に鉛になるが、これら元素の元の質量数が異なるので出来た鉛も質量数の異なる同位体となる。

この四コの同位体の混合比率を鉛同位体比といい、208PB/206Pb,207Pb/204Pbなどと書き表わす。特によく使う208Pb/206Pbをこの書では「鉛値」と書くことにする。

この鉛同位体比は地域や鉱山により微妙に異なっているので原料産地の推定に利用出来る。

紀元前の前漢鏡の時代から三国時代にかけて、銅鏡の鉛同位体比は大きく表3のように三つに分かれる。

これらの内、前漢鏡と華南系の鏡は中国でも日本でも出土するが、三角縁神獣鏡だけは日本でしか出土せず、そのほとんどが古墳からの出土であり、鈕口が長方形とこれまでの鏡の円形や半円

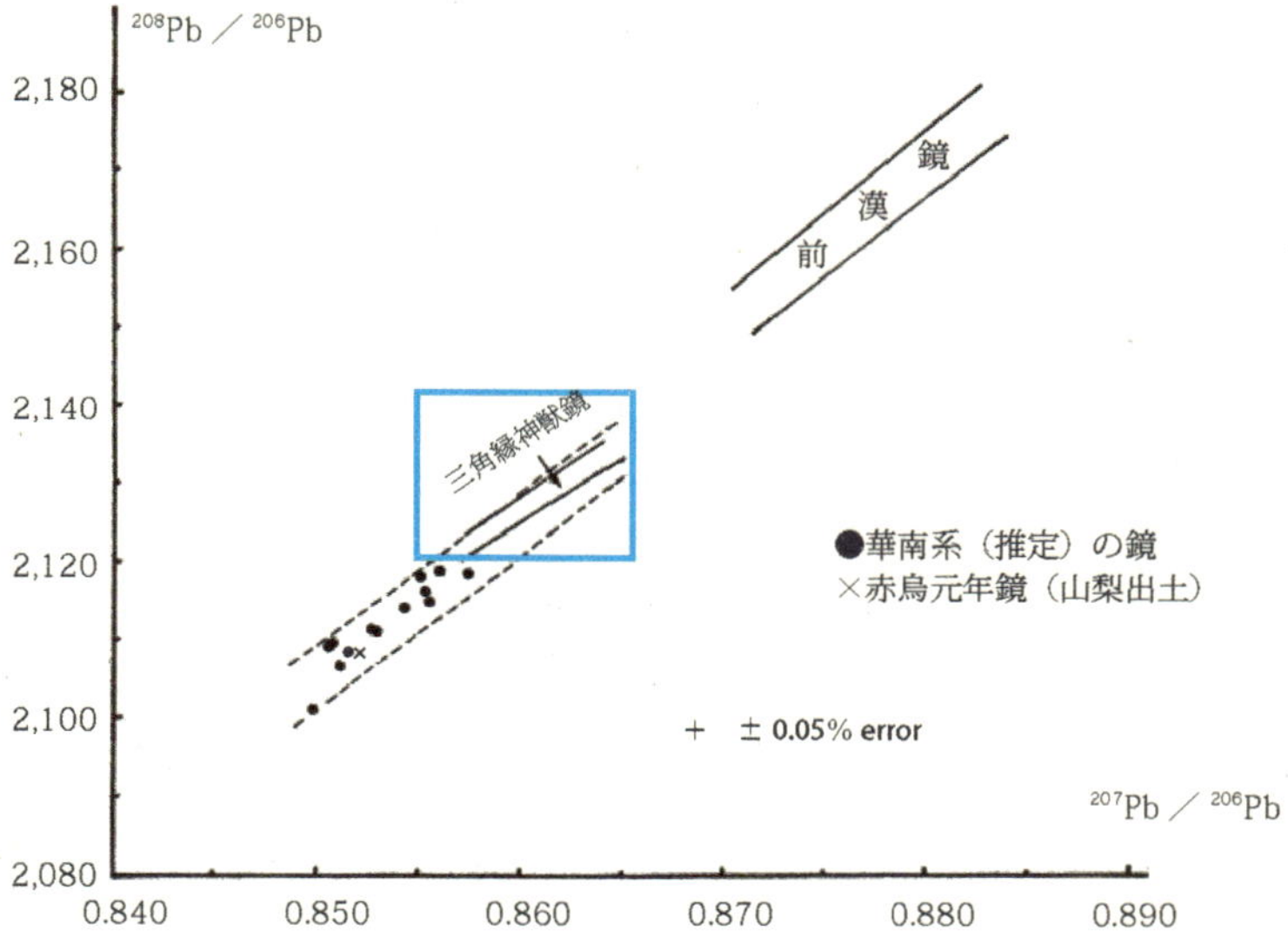

図 5　華南系 (推定) の鏡の鉛同位体比分布 (A 式図)

画像鏡、画紋帯環状乳神獣鏡など（黒丸）は、華南の鉛と推定される範囲に入る赤烏元年（呉）鏡の位置と比較されたい。

出典：馬淵久夫他　鉛同位体比法による漢式鏡の研究 (二)
「MUSEUM」1982C　（四角形は筆者が記入）

形だったものと大きく異なる。

これまでこの鉛同位体比のグラフは４コあるデータの内の２コだけを使った図５のように表わされてきた。

前漢鏡は鉛値も2.15以上なので右上に描かれる。このグラフでも見た目でもかなり離れているので前漢鏡は華南系の鏡とは言われない。

三角縁神獣鏡の鉛値は

2.12から2.14であり、華南系統の鉛値は2.10～2.12未満と数字的に近接している。図5で華南系と三角縁神獣鏡は連続して見えるので両方とも同じ延長線上にあると馬淵久夫氏は考えた。

つまり、近接しているから三角縁神獣鏡は華南系の親類だと思ってしまった。おまけに図中の点線のように斜線で華南系と三角縁神獣鏡を同じ範囲にくくってしまった。

ここから鏡の混乱がはじまったと言える。

華南系の鏡は中国鏡であるが中国でも日本でも出土する。しかし、三角縁神獣鏡は華南系の鏡と言われるが日本でしか出土しない。

中国からも出土するものと日本でしか出土せず、鏡の文様もまったく違うものを同類とみなすこと自体無理ではないだろうか。

X軸Y軸の2軸のグラフでは4コある鉛同位体比の内の2コしか使えない。その結果残りの2コを使うと前の結果とは違うこともある。同じ鏡のデータなのにおかしなことである。

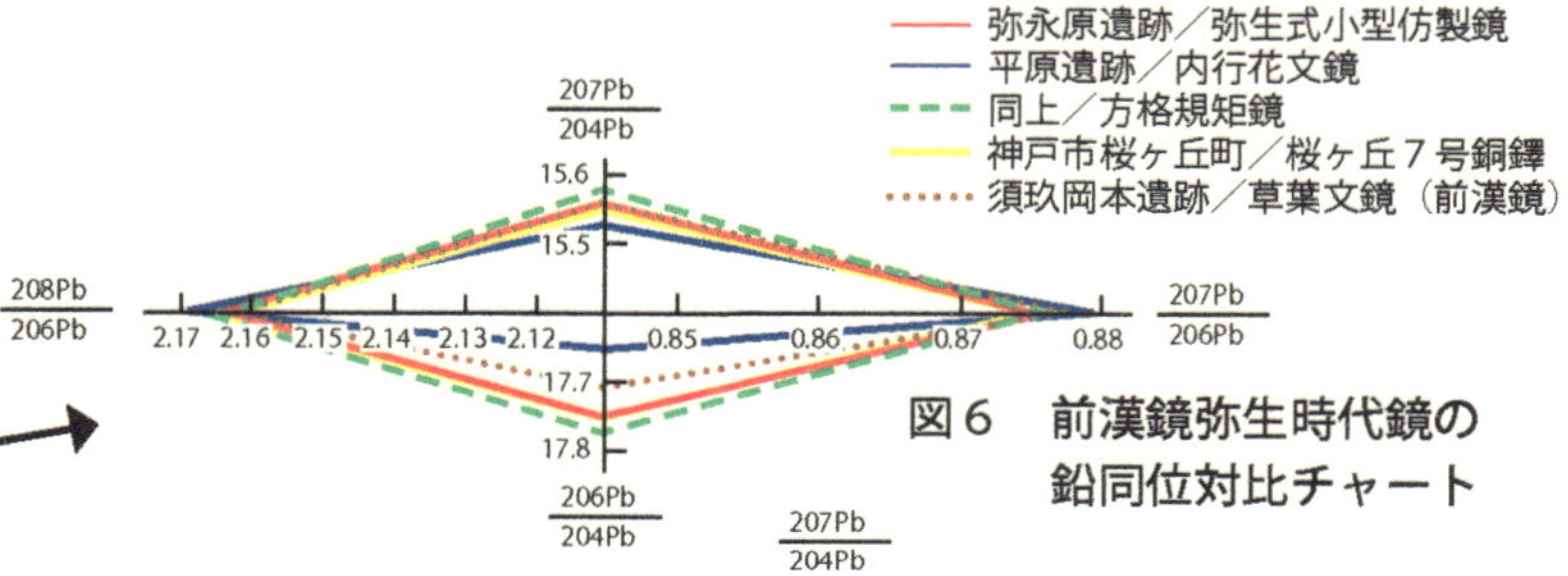

図６　前漢鏡弥生時代鏡の鉛同位対比チャート

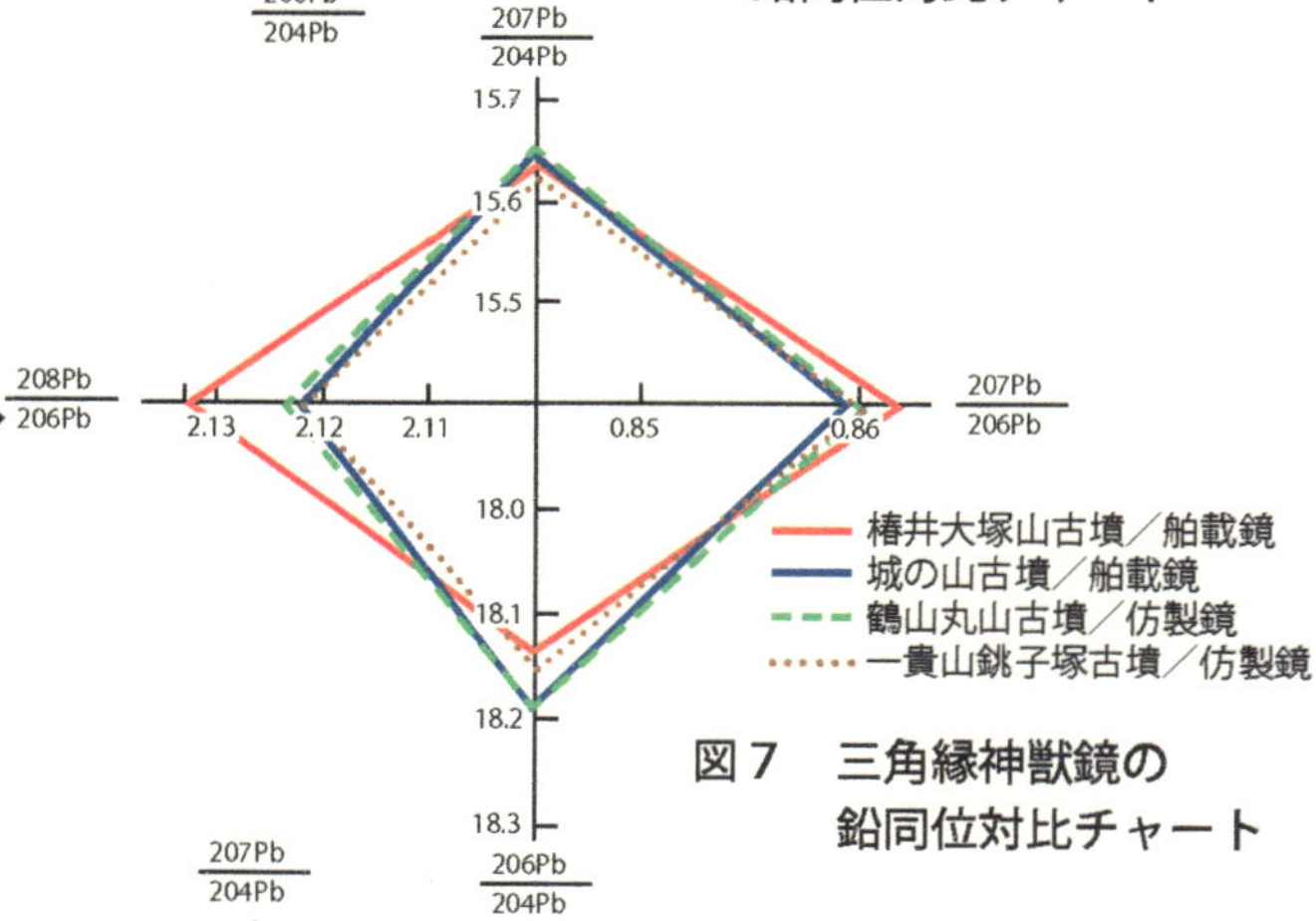

図７　三角縁神獣鏡の鉛同位対比チャート

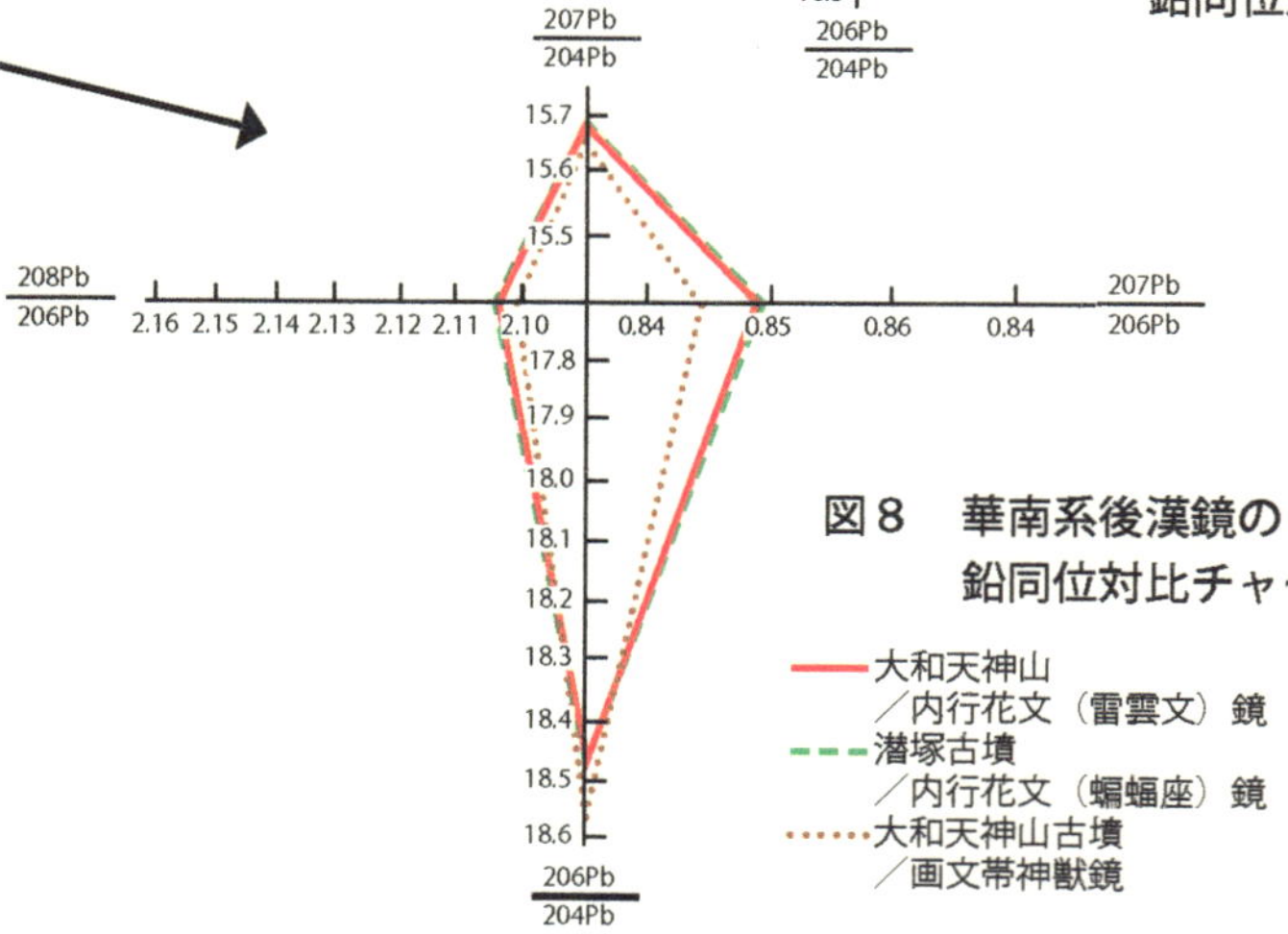

図８　華南系後漢鏡の鉛同位対比チャート

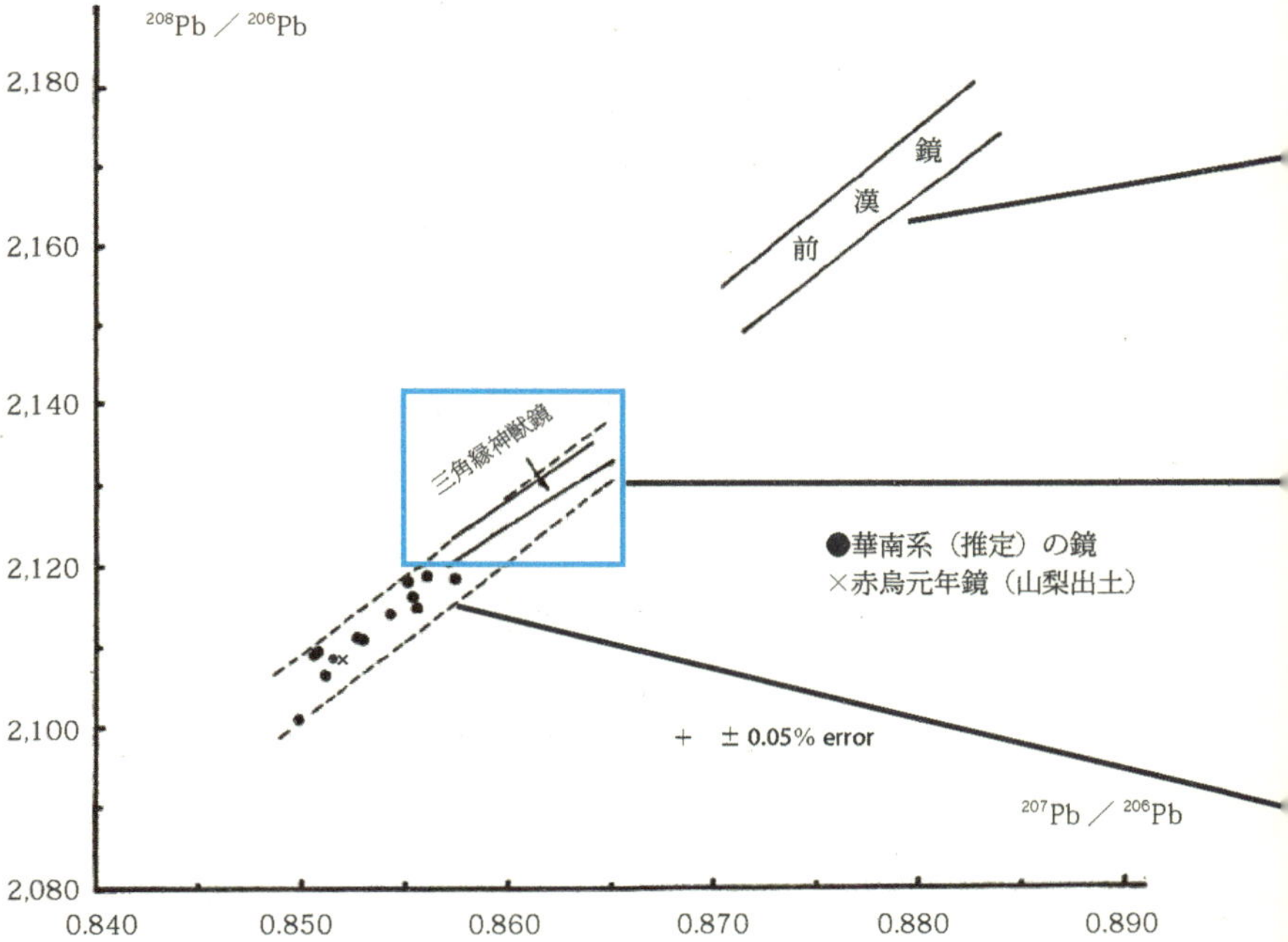

図 5　華南系 (推定) の鏡の鉛同位体比分布 (A 式図)

４コあるデータを同時に使って表わしたのが四軸のレーダーチャート図６～９で、図５の二軸のグラフとは全く違う姿を見せてくれる。四軸チャートの横軸の右側に207Pb/206Pb、左側に208Pb/206Pb、縦軸の上側に207Pb/204Pb、下側に206Pb/204Pbをとる。

前漢鏡（弥生時代鏡も含む）は図５の二軸のグラフでは斜線の枠内ではどんな特徴を持つかわからないが、これを矢印で示した四軸チャートで表わすと図６のように横軸が長く、縦軸は短い菱形となり、この鏡の特徴が良くわかる。

華南系は二軸では単なる点にしか見えないが、矢印で示した四軸チャートにすると前漢鏡とは全く異なる図８のように横軸は短いが、縦軸が長い菱形となる。

三角縁神獣鏡はどうか。この鏡の鉛値は2.12～2.14で、横軸、縦軸とも中心から近い等距離にあり図７のような正菱形となる。四軸チャートでみると横長の前漢鏡から縦長の華南系へと変化していく遷移状態のところに三角縁神獣鏡が位置することがわかる。

つまり、この鏡と華南系の鏡とは二軸のグラフでは隣り合せで親類のように見えるが四軸チャートではまったく違う形になることがわかる。したがって三角縁神獣鏡と華南系の鏡とは違う鉛、つまり鉛の産地が違うということになる。

三角縁神獣鏡は魏の皇帝から卑弥呼が貰った鏡であるから魏の鏡と同じチャートになるはずである。

魏の鏡の四軸チャートはどんな形を示すか。

図9のように縦長の菱形になり、図8の華南系のチャートと同じ形となる。

三角縁神獣鏡は図7のチャートで、魏の鏡のチャート図9とはまったく異なっている。

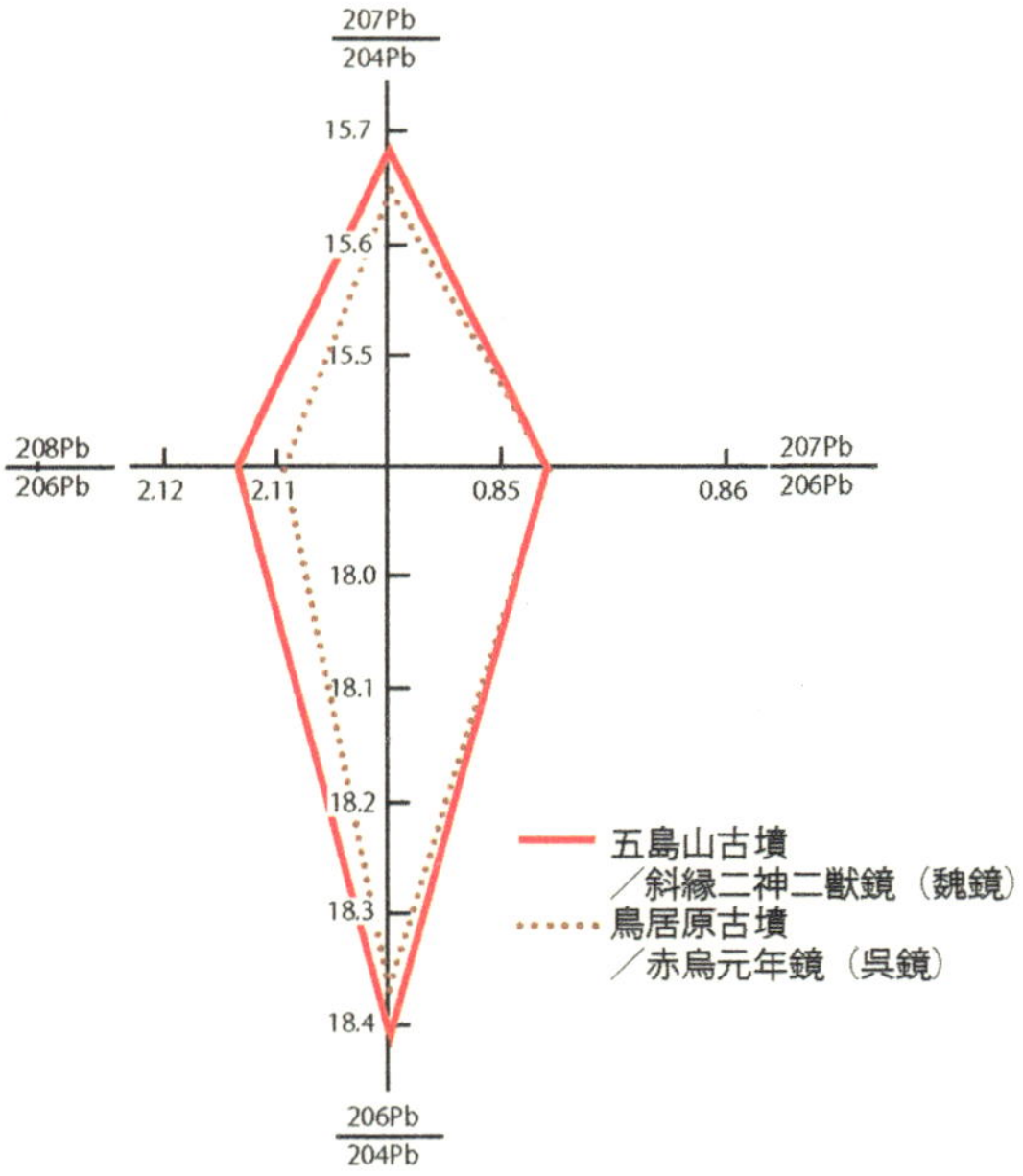

図９　魏鏡呉鏡の鉛同位体比チャート

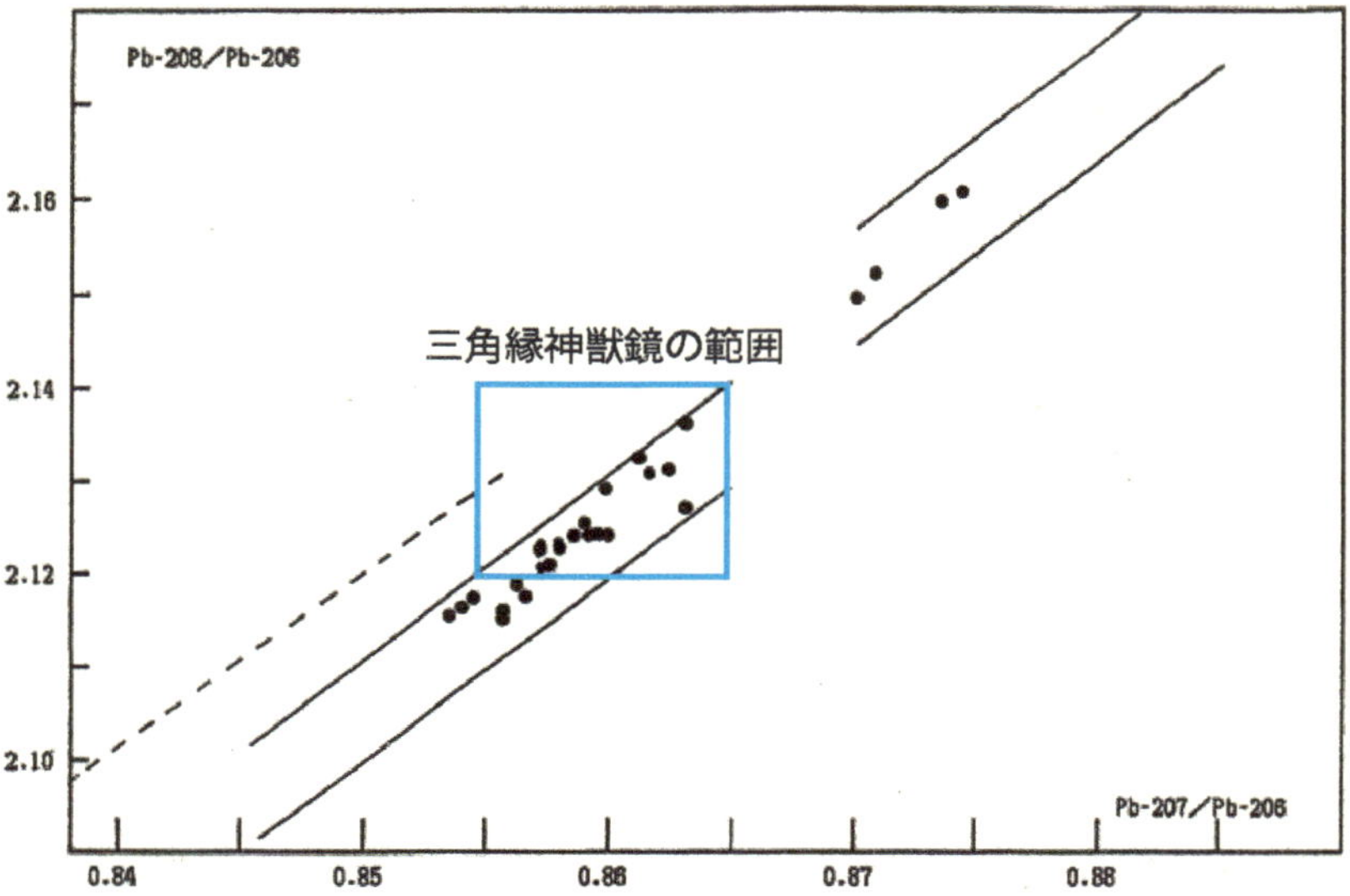

図 10　阿志岐古墳群出土銅鏃の鉛同位体比

これではこの鏡が魏の皇帝から貰った鏡とはとても言えない。

次に同じように古墳からよく出土する銅鏃《どうやじり》についてみてみよう。「福岡県出土青銅器の鉛同位体比」には福岡県内から出た鏡や銅鏃の他たくさんのデータが収録されている。

同誌には筑紫野市阿志岐古墳から出土した銅鏃の鉛同位体比図10が出ている。

銅鏃は弥生時代の前漢鏡や小型仿製鏡とほぼ同じ鉛同位体比を示していたが、三世紀中頃からは三角縁神獣鏡と同じ鉛値2.12～2.14を示すものが大多数をしめるようになり、それまでの鉛とは違うものが使われ始めたことがわかる。

この図10「銅鏃の鉛同位体比」を良く見ると図5「華南系の鏡の鉛同位体比分布」とそっくりである。図5は鏡のもので図10は銅鏃のものであるが四軸チャートで解析してもまったく同じチャートであった。

図10と図5から銅鏃と三角縁神獣鏡とが同じ鉛値、同じチャートを示すので同じ鉛から作られていることがわかる。

古墳から出土する銅鏃はほとんどが国産と言われている。それを裏づけるように福岡県筑前町のヒルハタ遺跡から銅鏃の鋳型（図11）が出ており、銅鏃が国産であることを証明している。

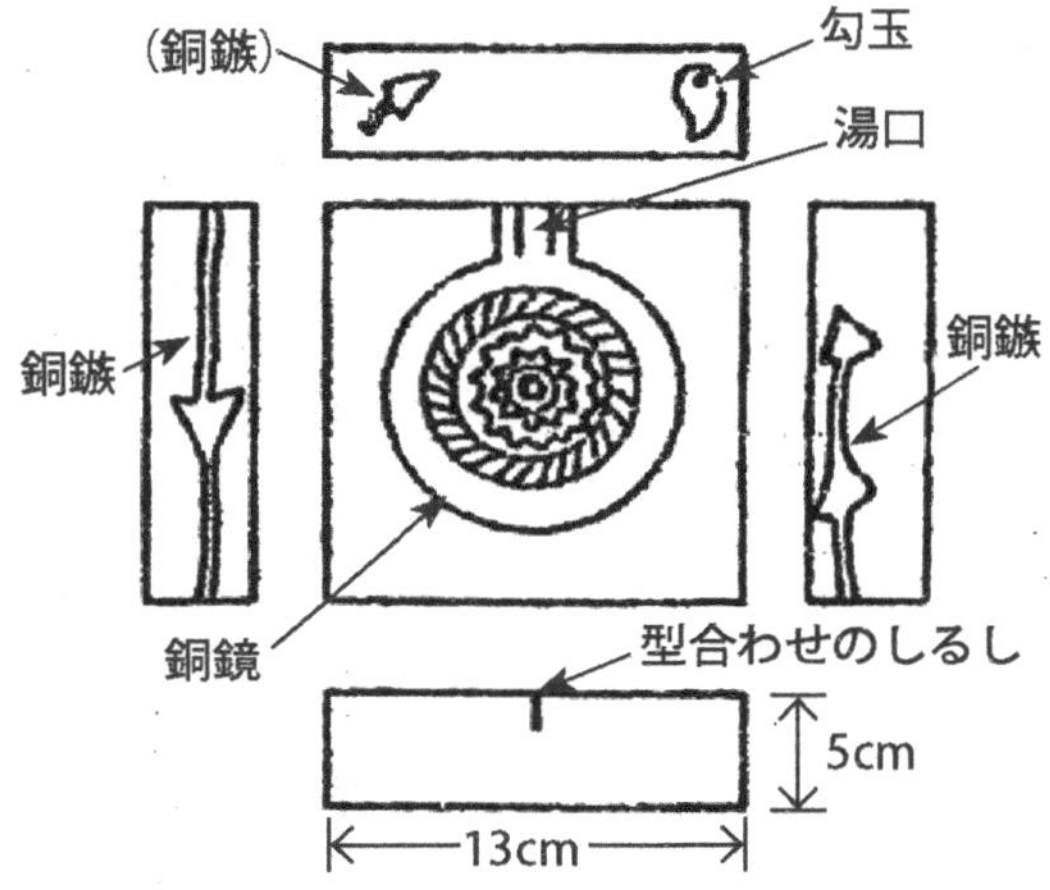

図 11　銅鏃の鋳型（展開図）
出典：西日本新聞（1991.3.16）

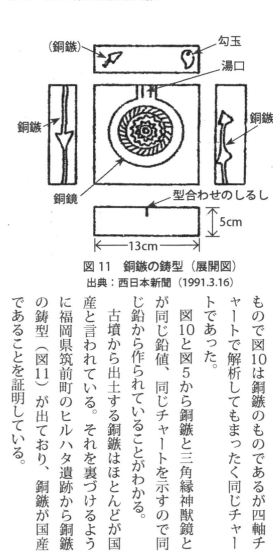

銅鏃が国産である以上、同じ鉛同位体比を示す三角縁神獣鏡も同じように国産という考えがきわめて順当な話となり、中国から一枚も出土しないこの鏡を中国製と主張することはできない。

四軸チャートの形は鏡ごとに異なるので鏡の分別にも利用出来る。人の識別に指紋やＤＮＡのパターンを利用するのと同じである。

したがって、これまでの二軸グラフでは解明されなかった三角縁神獣鏡と漢式鏡の違い、舶載鏡と仿製鏡との区分、正始元年鏡、紀年銘鏡などの検証がしっかり出来るようになった。

（２）神岡鉱山の鉛だけが三角縁神獣鏡にフィットする

鉛同位体比を測定された馬淵氏らは初期の論文に岐阜県神岡鉱山や対馬の対州鉱山の鉛同位体比は中国のそれに近いと記したところ、三角縁神獣鏡は日本産の原料で作られたのではないかとか、弥生時代の日本産の可能性があるのではという疑問が提出されたと言われている。

そこで魏鏡説の同氏は、「東アジア鉛鉱石の鉛同位体比」を提示しているが中国産鉛36コや朝鮮半島産鉛30コにはまったく該当する鉛はなく、日本産鉛72コの内神岡鉱山の鉛15コだけがこの鏡にフィットしている。

しかし、同氏は図12、図13を示し、図12のA式図では三角縁神獣鏡の分布域に神岡の鉛がきているが、図13のB式図ではこの鏡とは離れている。

舶載三角縁神獣鏡に含まれる鉛は研究の初期段階では神岡鉱山の鉛と識別し難いように見えたが、精密な測定によって異なることがわかったのでこの鏡の鉛は中国産であると断定しているが、この鏡の鉛値2.12～2.14に入るものは中国にはないのにどうしてそう言えるのか不思議である。

しかも、図12ではほとんど差はなく、図13では差があってもわずかである。

神岡鉱山の鉛が常に一定で変動しなければの話であろう。

同鉱山は鉱区によって鉛同位体比はかなり変動している。鉛値は2.118～2.143、206Pb/204Pbでは18.01～18.185、207Pb/206Pbは0.850～0.865,207Pb/204Pbは15.571～15.600と変動している。

となれば図13で少し離れているからと否定は出来ず、変動範囲のように見

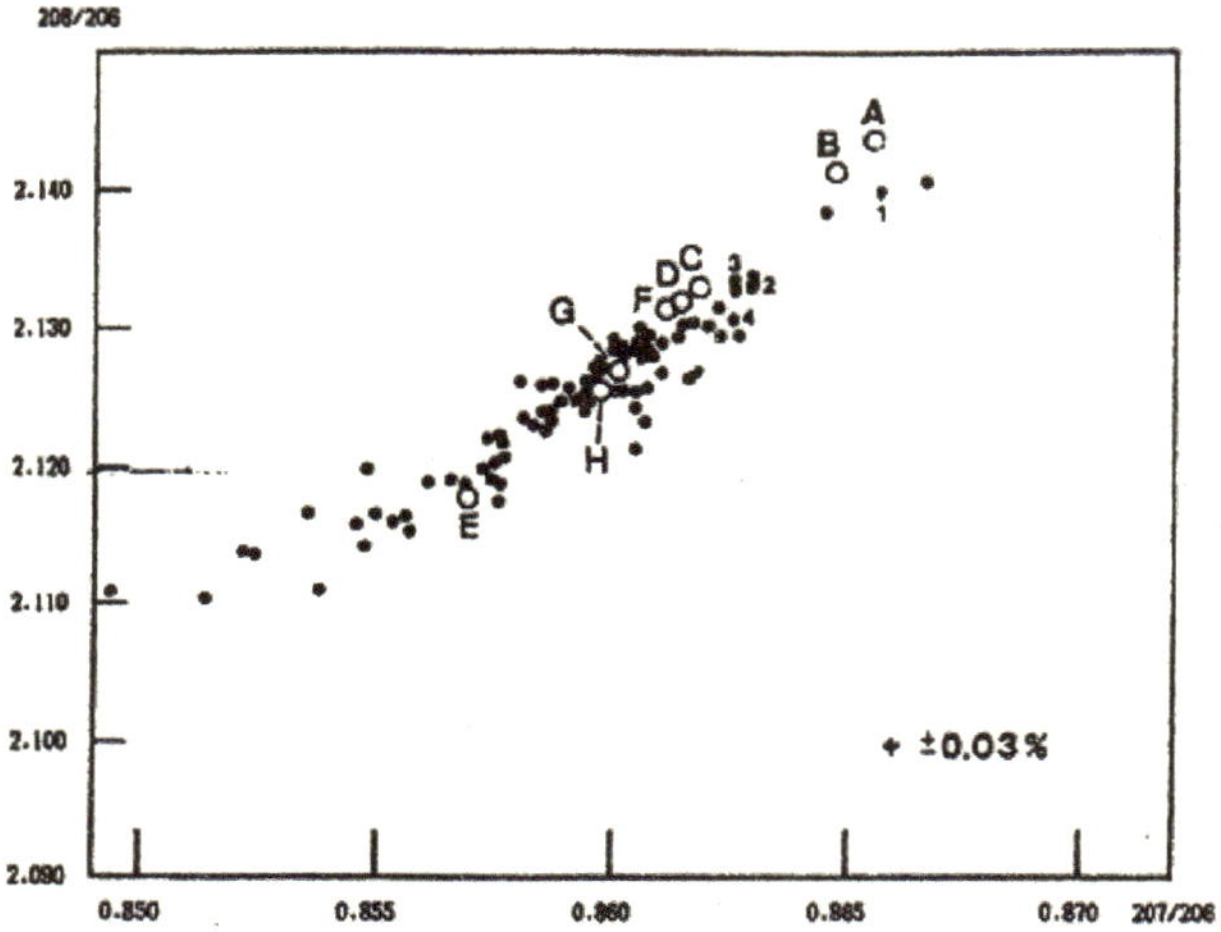

図 12　三角縁神獣鏡と神岡鉱山の鉛同位対比（A式図）
●：「船載」三角神獣鏡　○：神岡鉱山の鉛

える。

また、図13では根本的問題がある。神岡鉱山の鉱石の鉛同位体比は鉱石鉛だけの値である。

一方、三角縁神獣鏡は「銅＋錫《すず》＋鉛」の合金である。この鏡の鉛同位体比は「鉱石鉛由来の鉛同位体比＋銅由来鉛の鉛同位体比」であり、さらに弥生時代青銅器の（銅鐸、小型仿製鏡）のリサイクル由来からもプラスされる。要約すると図13では、

神岡鉱山の鉛同位体比（鉱石鉛のみ）

三角縁神獣鏡の鉛同位体比（鉱石鉛＋銅由来鉛＋リサイクル鉛）

つまり、神岡の単体鉛と鏡の複合鉛（単

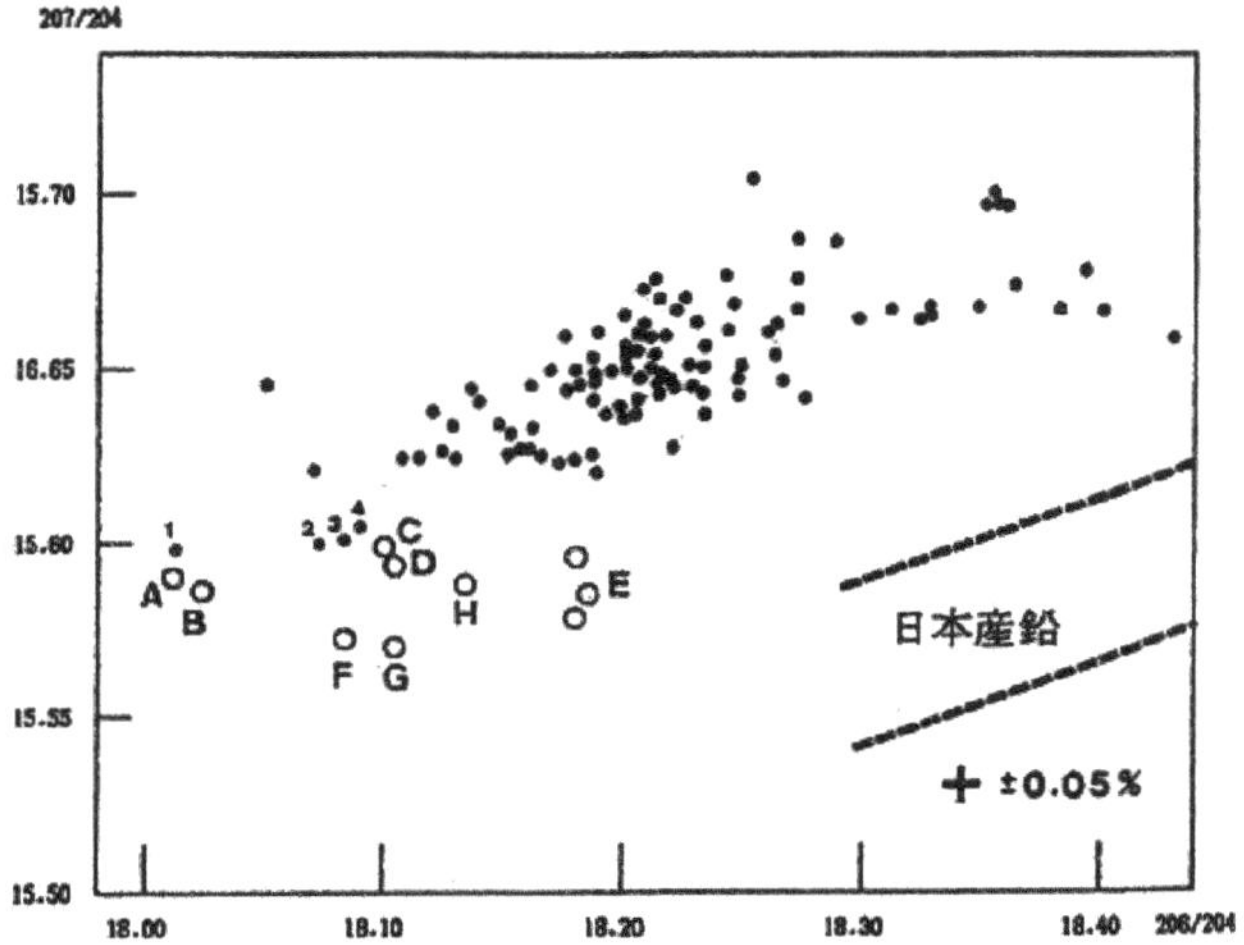

図 13　三角縁神獣鏡と神岡鉱山の鉛同位対比（B 式図）
記号は図 12 と同じ

体鉛の他銅由来やリサイクル鉛）とを比較している。

したがって図13で神岡鉱山を否定出来るのは銅由来の鉛が0であればという限定条件付となろう。

現在では銅鏡には平均5〜6％の鉛が含まれ、その約半分に相当する2〜3％の鉛が添加され、残りは銅に付随して入ってきたと推定されている。

となれば三角縁神獣鏡の鉛同位体比は銅やリサイクル由来の鉛によってかなり左右されることになり、神岡の鉛と混合してもこの鏡の鉛同位体比の範囲に十分入ってくる。

馬淵氏は神岡鉱山のみが古代に開発されていたとは考え難いとして神岡鉱山の鉛を以後の研究対象から除外されている。

神岡のみが古代に開発されていたとは筆者も考えないが、山奥の神岡からは神通川という急峻な川が日本海にそそいでいる。

その川床や海岸に鉛の鉱石が堆積したことは十分考えられる。

一例として岐阜県の中津川の川床では錫石が取れている。また、勾玉に使われたヒスイはほとんどがビルマ産と考えられていたが、大正の頃新潟県糸魚川周辺で発見され、現在では縄文から弥生時代のヒスイは糸井川産がほとんどと言われている。

昔は鉱山の開発などというだいそれた事ではなく、普通の石と違って異常に重く鉛灰色をした鉱石であれば、川や海岸で発見された可能性は大きいと思われる。

そう考えれば最初から三角縁神獣鏡の鉛は神岡鉱山の鉛ではないと決めつけ、科学的データを否定するのは非科学的ではないだろうか。

科学から見た魏鏡説

現在までに提唱されている三角縁神獣鏡に関する種々の学説を、科学的な見地から見直してみたい。

①舶載鏡と仿製鏡

三角縁神獣鏡には舶載鏡と仿製鏡の区分があり。舶載鏡は質が良く見た目が良いから中国製、仿製鏡は質が悪く見ばえも悪いので日本製とされてきた。この区分の正式な基準があるのかというとない。基準がないにもかかわらず舶載鏡と仿製鏡とに無理やり分けて、この舶載鏡が魏の皇帝が卑弥呼に与えた鏡の証拠であるという説も唱えられている。

車崎正彦氏は三角縁神獣鏡の文様が舶載鏡から仿製鏡へと連続していることから、その区分はなくすべて中国製とされている。鉛同位体比で舶載鏡と仿製鏡の違いをチャートで見ると図14（図7の再掲）になる。

舶載鏡として椿井大塚山鏡、城の山鏡を、仿製鏡として鶴山丸山鏡、一貴

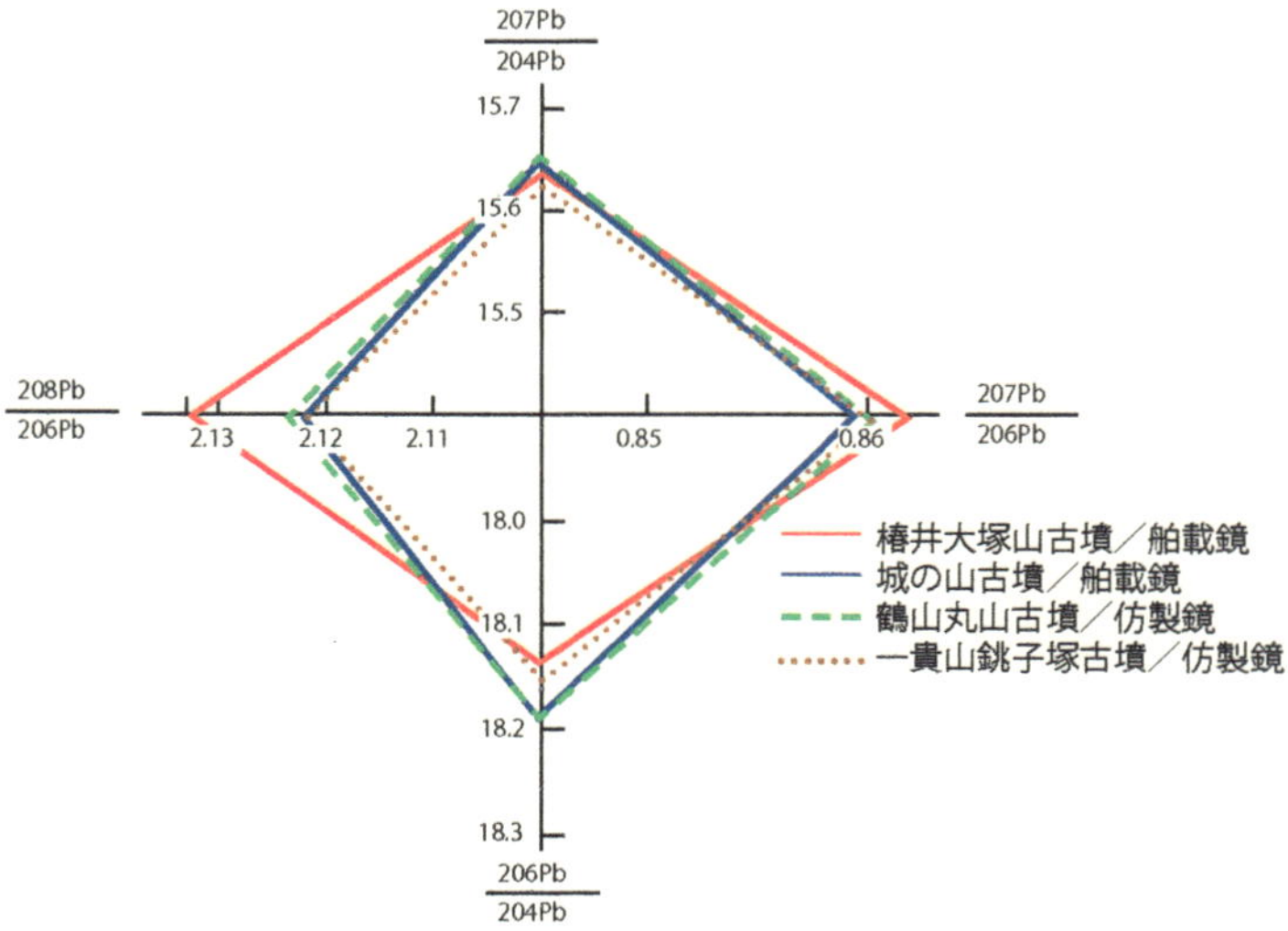

図 14　三角縁神獣鏡の鉛同位対比チャート

山銚子塚鏡をみるとほぼ同じチャートを示し、明らかに舶載、仿製の違いはないことになる。

これは魏の鏡図９とは形がまったく異なり、三角縁神獣鏡の鉛同位体比を示す鉛は中国にはないので全部日本製となる。

また、奈良県橿原考古学研究所の水野敏典氏は三次元計測の分析結果から舶載、仿製の区分はなく、すべて中国製か、すべて日本製のいずれかの可能性が高いと指摘し、中国製で一部は日本製という従来主流だった説は成立しないという。

同研究所の清水康二氏は舶載鏡につい

提唱者	理由	区分	鋳造地
車崎正彦	文様の変化が連続	ない	中国
水野敏典	三次元計測で違いがない	ない	どちらか
藤本　昇	鉛同位対比チャートが重なる	ない	日本
清水康二	鏡の傷の形や長さ位置が一致	ない	日本

表４　舶載鏡と仿製鏡の区別

ている複数の傷あとが、仿製とされる鏡のおなじ所に複数の同じ傷が見られることから、同じ鋳型を使って作ったとしか考えられず、その鋳型をわざわざ中国から日本へ持ってきたとは考えられないので全部仿製鏡とされる。

以上の結果を一覧表にまとめると表４のようになる。

②特鋳鏡説

現在もっとも有力な仮説と考えられ、多くの考古学者がこの立場にあると思われる。

三角縁神獣鏡が中国で出土しないのは卑弥呼のために特別に作られた鏡なので、全部卑弥呼にやってしまったからというものである。

ないことをいいことに成り立っているので始末に悪く、考古学的には証明のしようがないと従来は考えられていた。

しかし、今は科学的に鉛の同位体比が測定された結果、この鏡は中国で作ることが出来ないことがわかってしまった。

この三角縁神獣鏡の鉛同位体のレーダーチャートは、図7のように正菱形を示している。一方、魏鏡のチャートは図9のように横幅がせまく、縦に長い菱形でそのパターンがまったく異なっている。

中国にはこの三角縁神獣鏡を作成可能な鉛同位体比を持つ鉛はなく、卑弥呼のために作ることも出来ず、中国で出土しないのは当然である。

魏では銅は枯渇し銅貨の鋳造にも事欠き、銅鏡の代わりに鉄鏡が盛んに作られ、卑弥呼のために鏡を特鋳するような状況ではなかった。

また、三角縁神獣鏡の研究が進み、その文様の変化の大きさから、とても十年、二十年では起こりえないほど変化しているので、五十年間は作り続けられていると言われている。

卑弥呼は二四八年頃には死んでいる。しかも魏自体が二六五年には滅亡し晋の国になり政治体制は様変わりしている。そんな晋国でとっくの昔に死んだ卑弥呼のために、半世紀以上の長きにわたり作り続けると考えること自体おかしな話であろう。

③楽浪鏡説

三角縁神獣鏡が中国から出土しないので、それなら鏡の出土が多い朝鮮の楽浪郡で作られたとするが、肝心のこの鏡の出土は一枚もない。

鉛はどうか。楽浪出土の方鉛鉱が知られているが、この鉛値は2．25以上と異常に高く、三角縁神獣鏡の鉛値 2.12～2.14 とかけはなれている。

これまでこの鉛を使って作った可能性のあるものはほんのわずかで、春日市ウトロ遺跡の勾玉２コ、岡山県中原２５号墳の鉛製耳環１コが知られているが、鏡については知られていない。

④伝世鏡説

卑弥呼が鏡を貰ったのは三世紀半ばであるが卑弥呼の鏡とされた三角縁神獣鏡は四世紀の古墳からしか出土しない。この半世紀ばかりのギャップを埋めるために考え出されたのがこの伝世鏡説である。

この説は高松市石清尾山古墳から出土した方格規矩鏡の文様があいまいも

ことしているのは、伝世して（代々受け継がれて）長期間の使用による手ずれで摩滅したためとされた。この鏡が伝世の証拠とされ、これらの漢鏡と同時に出土する三角縁神獣鏡も伝世鏡とされた。

また、近畿にも昔は鏡もあったんだけど、北部九州のように墓に副葬する習慣がなく伝世され、古墳時代になって一斉に副葬されたという非副葬説もある。

そして「あって欲しい」がいつの間にか「ある筈だ」という妄想に近くなり、「ないんだけどあるんだよ」、「あるんだけどないんだよ」となる。今風に言えばない物があるように見えるヴァーチャルリアリティとなろう。

今世紀になって清水克朗氏ら（「伝世鏡の再検討1」「古代学研究」第一五六号）によるデジタルマイクロスコープによる観察が行われた。

その結果、鏡の手ずれであいまいもことなったとされた文様にも、きめの細かい鋳肌があり、鋳造状態が良好で、鋳上がった状態がそのまま良く残っているので、手ずれであいまいもことした文様になったのではなく、踏み返

表5　紀年銘鏡

鏡式	記念銘鏡と出土地または所蔵者
三角縁神獣鏡	景初三年　島根県・神原神社古墳
画文帯神獣鏡	景初三年　大阪府・和泉黄金塚古墳
三角縁神獣鏡	正始元年　兵庫県・森尾古墳
三角縁神獣鏡	正始元年　群馬県・蟹沢古墳
三角縁神獣鏡	正始元年　山口県・竹島古墳
斜縁盤龍鏡	景初四年　京都府・広峯15号墳
斜縁盤龍鏡	景初四年　辰馬考古資料館
方格規矩鏡	青龍三年　京都府・大田南5号墳
方格規矩鏡	青龍三年　個人蔵
方格規矩鏡	青龍三年　大阪府・安満宮山古墳

しで（原鏡を型取りして鋳型を作り原鏡と同じ鏡をいつでもどこでも作ることが出来る方法で）作ったためとわかった。

つまり、手ずれ説に基づくこの伝世鏡説も科学機器による観察ではっきりと否定されてしまった。

⑤紀年銘鏡説

鏡には短い文章（銘文）を書いたものがあり、その銘文の書き出しが年号で始まるものを紀年銘鏡という。

日本で出土した魏の紀年銘鏡は表5のように十枚ある。

卑弥呼が魏に使いをやったのが景初三年、帰ってきたのが正始元年である。この年号

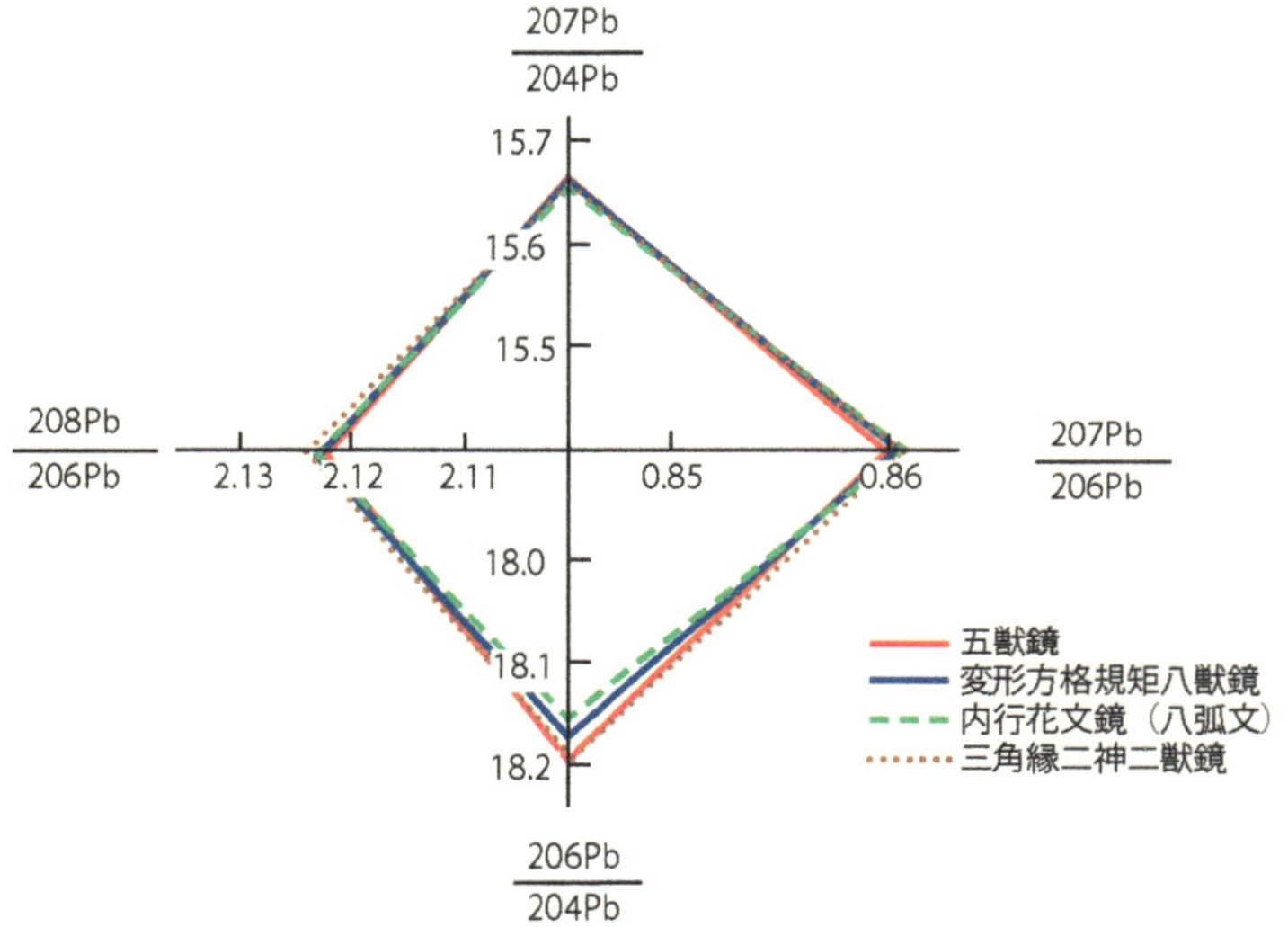

図 15　鶴山丸山鏡の鉛同位体比チャート

を持つ三角縁神獣鏡があるため卑弥呼の鏡とされ、この種の鏡が近畿に多いことから邪馬台国は畿内大和だという説を考古学者が唱え、マスコミを通じて喧伝されている。

同じ所で作られた鏡として岡山県鶴山丸山古墳鏡が知られている。

図15で一見してわかるように異なる種類の鏡でも同じ所で作られた鏡は見事にチャートが重なっている。

一方、三角縁神獣鏡の正始元年鏡には三枚の同型鏡があり、これらは使節団が洛陽に滞在した短期間に鏡を作る必要から、大急ぎで同じ鋳型を使って

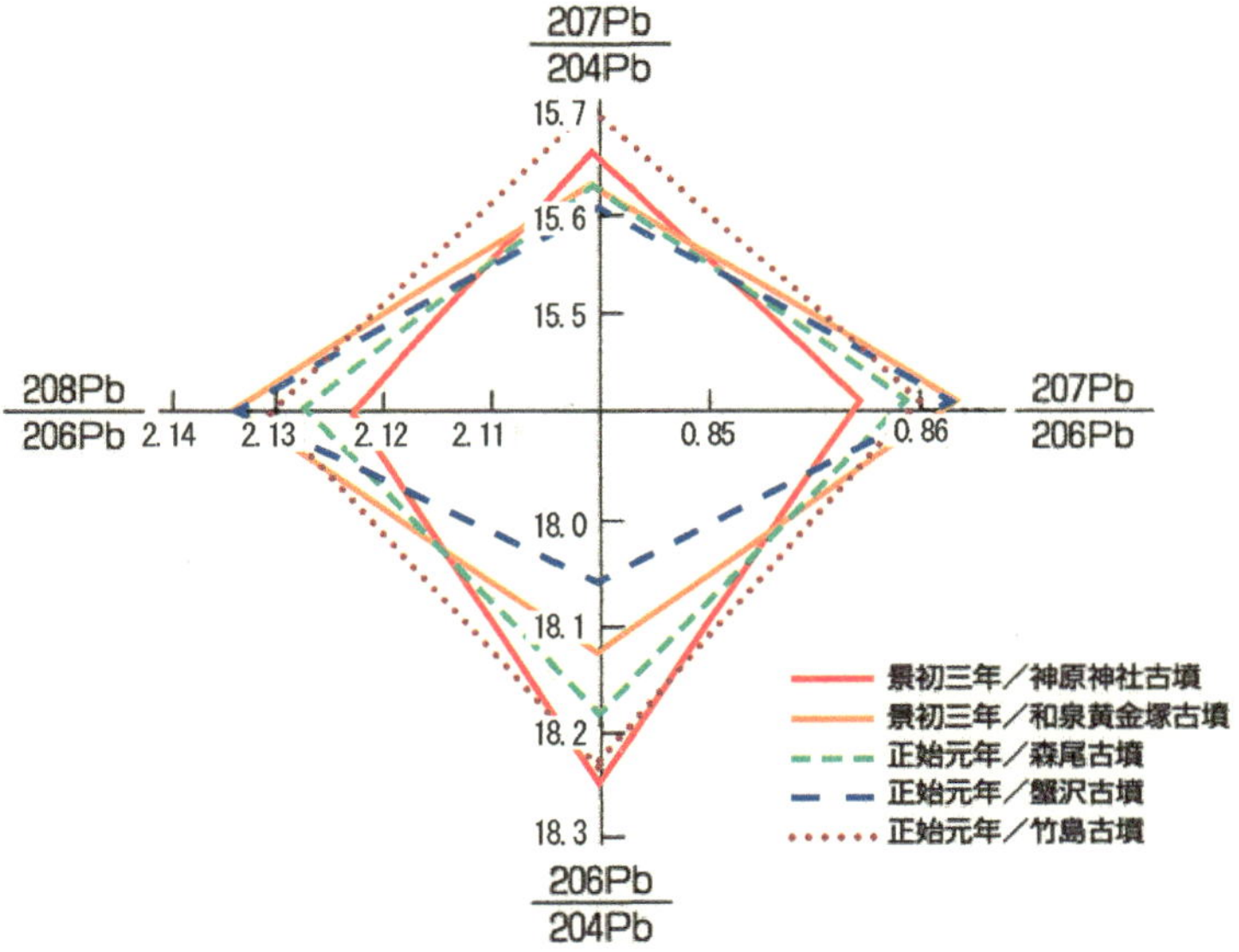

図16　景初三年鏡と正始元年鏡の鉛同位体比チャート

作ったからとされるので、三枚の鉛同位体比はほぼ似かよったものになるはずである。

この三枚をチャートで示すと図16になる。この図で分かるように各鏡のチャートはバラバラでとても同時に作られたとは言えない。同図16中に示すように、景初三年鏡二枚をプロットしても同じようにバラツキ、これらは皆別々に作られていることがわかる。

特に正始元年竹島古墳鏡は文様があいまいもことしていることから踏み返し鏡とされているが、図16のチャートでわかるように他の鏡とは大きくずれており、同時期ではなくかなり時間が経ってから作られたことを示している。

しかもこの鏡が五世紀前半の古墳から出ていることからもリアルタイム（年号通りの年）に作られた鏡ではなく、後世に踏み返しで作られた鏡といえる。

この同型鏡は三角縁神獣鏡だけに見られる現象ではない。

車崎氏は魏晋の方格規矩鏡58枚について調査して報告している。中国で出土した20枚には同型鏡が0である。しかし、日本出土の38枚の内5組11枚が同型鏡である。

特に青龍三年鏡は大田南、安満宮山、個人蔵鏡の3枚が同型鏡として知られている。これらの鉛同位体比を見ると、鉛値は大田南鏡 2.1246，個人蔵鏡は2.1305で三角縁神獣鏡と同じ範囲の鉛値を示している。

鈕口も長方形で三角縁神獣鏡と同じ特徴を示し倭製鏡とするに十分である。安満宮山鏡は残念ながらなぜか測定されていない。

この他中国にはない年号の景初四年鏡2枚を含めて十枚の紀年銘鏡は三角縁神獣鏡と同じように日本でしか出土せず、これらの鈕口は長方形で鉛値も三角縁神獣鏡と同じである。

中国の王仲殊氏は魏では年号鏡を作る慣例もなく、外国の王のために特鋳した事例はないと言われている。

それを裏付けるものに車崎氏の表7がある。

魏では青龍三年までまったく年号鏡は見られない。そして出土するのは日本だけに限定される。一方、呉の国では年号鏡として神獣鏡が連綿として作られている。

したがって、これら魏の紀年銘鏡は三角縁神獣鏡と同じ鉛値を示し、中国では出土せず日本でしか出土しないことからも倭製鏡であることを示している。

表６　年号鏡一覧

196	建安元年								重列式神獣鏡		
202	七年								重列式神獣鏡		
203	八年								重列式神獣鏡		
204	九年								重列式神獣鏡		
205	十年								重列式神獣鏡		
214	十九年								重列式神獣鏡	【会稽郡】	
215	廿年									同向式神獣鏡	
216	廿一年										対置式神獣鏡
217	廿二年								重列式神獣鏡		
219	廿四年								重列式神獣鏡	同向式神獣鏡	対置式神獣鏡
220	延康元年										対置式神獣鏡
	【魏】										
221	黄初二年									同向式神獣鏡	
222	三年							【呉】		同向式神獣鏡	
							222	黄武元年			対置式神獣鏡
223	四年										対置式神獣鏡
							223	二年			対置式神獣鏡
							225	四年	重列式神獣鏡		対置式神獣鏡
							226	五年	重列式神獣鏡	同向式神獣鏡	
227	太和元年										対置式神獣鏡
							227	六年	重列式神獣鏡		対置式神獣鏡
							228	七年			対置式神獣鏡
							229	黄龍元年	重列式神獣鏡		対置式神獣鏡
							230	二年	重列式神獣鏡	同向式神獣鏡	対置式神獣鏡
							232	嘉興元年			対置式神獣鏡
							233	嘉禾二年	重列式神獣鏡		
235	青龍三年	方格規矩四神鏡									
							235	四年	重列式神獣鏡		
							238	赤烏元年			対置式神獣鏡
239	景初三年	画紋帯同向式神獣鏡	三角縁同向式神獣鏡		7						
240	四年	龍虎鏡		I							
240	正始元年		三角縁同向式神獣鏡		8	方					
							240	三年			対置式神獣鏡
					三		242	五年	重列式神獣鏡		
244	五年	画紋帯環状乳神獣鏡									
							244	七年			対置式神獣鏡
				II			246	九年			対置式神獣鏡
							253	建興二年		同向式神獣鏡	対置式神獣鏡
				III	角	格	254	五鳳元年			対置式神獣鏡
							256	三年			対置式神獣鏡
							256	太平元年			対置式神獣鏡
				IV			257	二年			対置式神獣鏡
							258	永安元年		同向式神獣鏡	対置式神獣鏡
259	甘露四年	獣首鏡			縁						
							259	二年			対置式神獣鏡
260	五年	獣首鏡				規					
							261	四年	重列式神獣鏡		対置式神獣鏡
				V			262	五年			対置式神獣鏡
263	景元四年	円圏規矩君宜高官銘帯鏡			201						

出典：車崎正彦　「新発見の「青龍三年」銘の方格規矩四神鏡と魏晋のいわゆる方格規矩鏡」［「考古学雑誌」86-2］をもとに作成

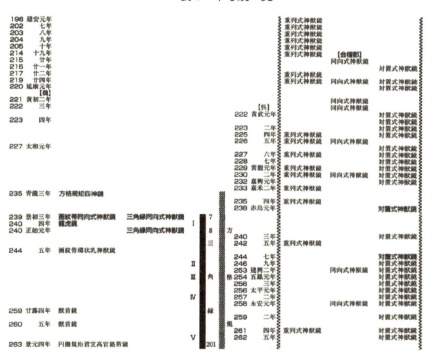

鏡の編年表を作る

これまでに使用した鉛同位体比のデータの他、平尾良光氏の「考古資料大観6」巻末資料をもとに鏡の編年表を作ってみよう。

表7のように縦軸に西暦年、横軸に鉛値（208Pb/206Pb）を取り、各時代の鏡を書きこんでいく。

奈良県天理市の大和天神山古墳は全長113mの小ぶりな前方後円墳である。大型の内行花文鏡や方格規矩鏡など二十三枚も出土しているが、三角縁神獣鏡が一枚もない特異な古墳として知られている。

これまでこの古墳は四世紀の築造とされてきたが、近年見直しが進んだ結果三世紀後半とする説が有力である。そこでこれら全部の鏡の鉛同位体比についてレーダーチャートを描いてみると三つのパターンに分かれた。一番多いのは三角縁神獣鏡の図7に似たパターンを示すもので、弥生時代・前漢鏡の図6、後漢鏡の図8のパターンを示す鏡も持っている。これらの鏡を漢鏡の岡村分類では漢鏡五期十枚、同七期七枚、仿製鏡六枚としている。

福岡県糸島市の平原墳丘墓（三世紀後半築造）は後漢鏡を持っている。

三角縁神獣鏡は四世紀の古墳から出土するので四世紀の鏡となる。

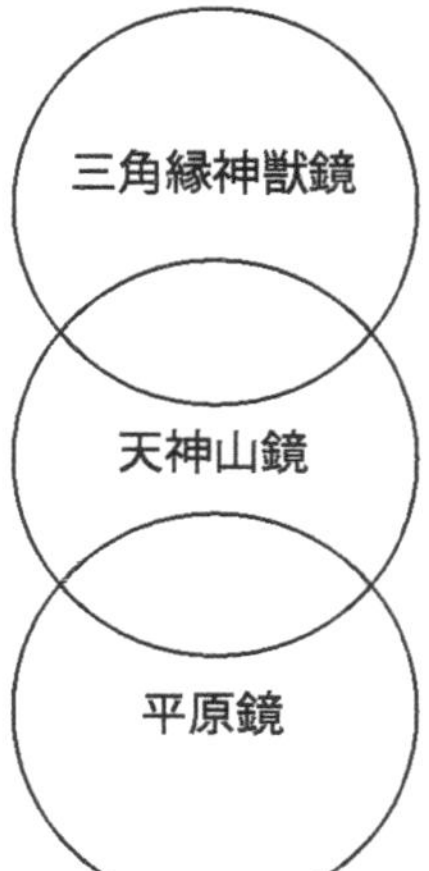

三角縁神獣鏡・
天神山鏡・
平原鏡のリンク図

天神山古墳は三角縁神獣鏡に近い鏡を持ち、平原鏡とも共通する鏡を持つ。

つまり、上図のように両者にリンクしていることを示唆している。

したがって、天神山鏡は平原鏡よりも新しく、三角縁神獣鏡よりも古い三世紀後半のものと考えられるので、天神山の仿製鏡も三世紀後半となる。

天神山鏡には岡村分類で漢鏡五期（後漢前期）、七期（後漢後期）の鏡で鉛値が2.12～2.14と三角縁神獣鏡と同じ値を示すものがある。

後漢鏡でこの範囲に入るものはないが、その時期の倭国は小型仿製鏡の時

表7　鉛同位体比による鏡の編年表

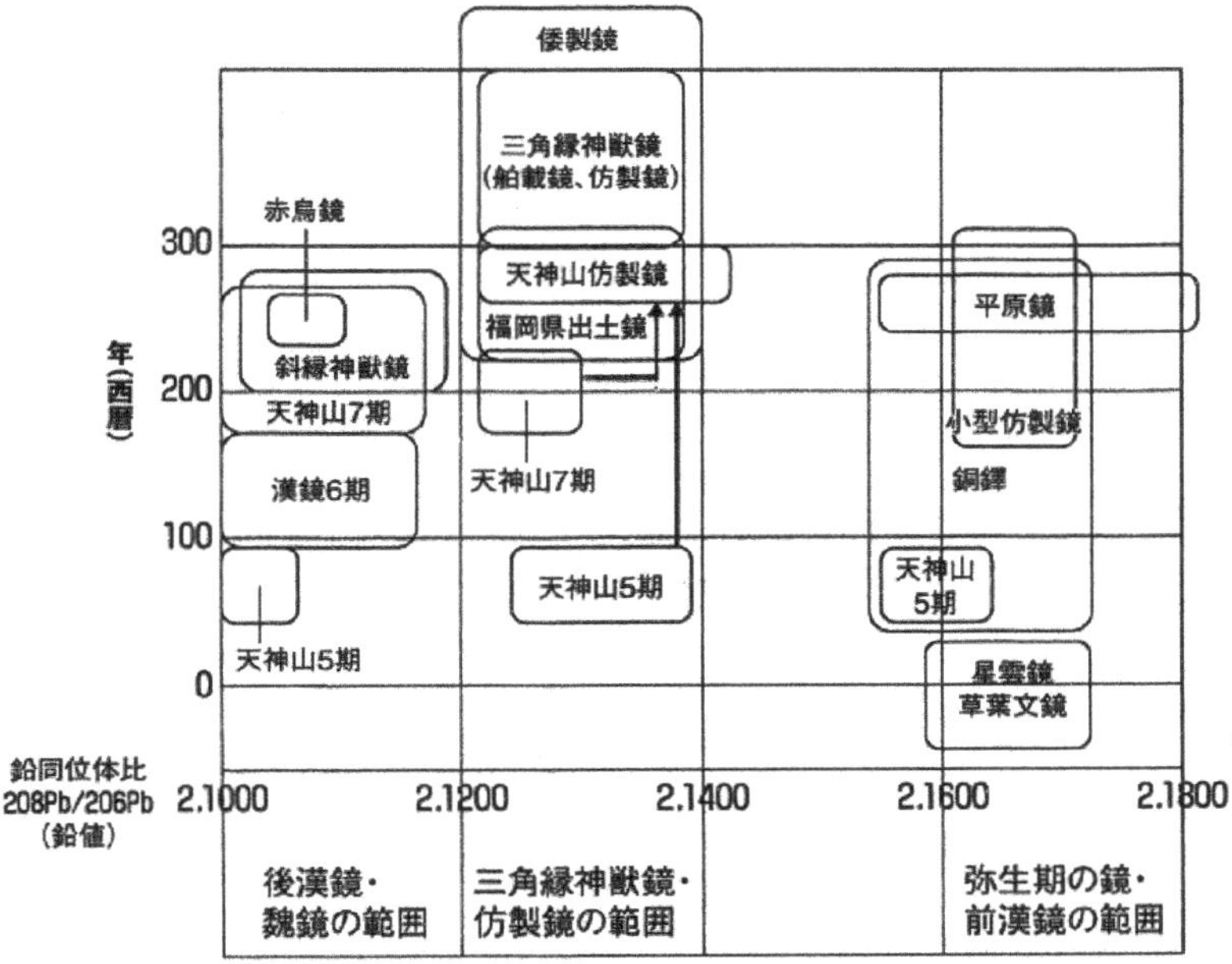

代でその技術力から考えると倭製鏡とするには無理がある。

しかし、三世紀後半になれば鏡の文様などの鋳造技術は平原鏡などから十分あると考えられるので、天神山仿製鏡と同じ三世紀後半になる（矢印のように移動する。）

この他、三世紀中頃から後半にかけて作られたと考えられる仿製鏡のデータが「福岡県出土青銅器の鉛同位体比」にあり、鉛値は2.12～2.14の間にあり、弥生後期にはすでにこれらの鉛値を持つ鏡が国内で作られていたことを示している。

三角縁神獣鏡は倭製鏡の中で生まれた

中国の考古学者王仲殊氏は京都大学で樋口隆康氏から多くの三角縁神獣鏡を見せて貰った感想を「中国の銅鏡とはあまりにも違うということに気づきました。つまり作風が全然違っています」(「三角縁神獣鏡と邪馬台国」梓書院)と述べている。

ではどこが違うのか。

森下章司氏によれば、漢代の中国鏡には基本的に信仰、思想的な裏付けのある図柄が採用され、紋様には一つの定式が存在し、それらの組み合わせにも約束事があるという。そして時間とともにその紋様にも変化が生じるが一定の範疇に収まる。

しかし、倭鏡は図柄の共有性が薄く、また時間、系統、工人等による変化が極めて大きく、この紋様の多様性こそが倭鏡の大きな特色であるとされている。

一方、統一国家建設を目指す社会の高揚するエネルギーは鏡の世界における中国鏡の縛りを解き放ち、文様の定式を飛び出す鏡が続続と作られる。だ龍鏡は画文帯神獣鏡をもとにして作られた中国には例を見ない倭製鏡と言われている。さらに直線と孤線とを組み合わせた直孤文鏡、我が国の家屋を描いた家屋文鏡、勾玉を文様にした勾玉文鏡、平行した線を束ねたような俵文鏡、鳥の羽状の羽文鏡など日本独自の鏡がどんどん作られる。

その結果、生産量の著しい拡大と文様様式の多様化、文様の配置換えによるバリエーションの多様化が生じている。

これらの鏡の図像は二十七系列にもなり、互いに刺激しあいながら発展し作られた鏡は二千枚以上になる。

また、中国鏡の構図の相違を意識せず複数の鏡式の合成鏡も作り出した。神獣鏡特有の半円方形帯や外区の菱つなぎ文を持ちながら、内区は方格規矩鏡の文様にすっかり変わっている鏡も作られた。さらに画文帯神獣鏡の縁に三角縁をとってつけたような鏡もある。

中国の鏡製作者からみたら奔放すぎてクレイジーとしか言いようがないであろう。

一方、鏡の効用について中国の「抱朴子」によれば径九寸（魏尺で約二十二センチ）以上の鏡に見入ると神仙が鏡の中に現われ、鏡に映せば邪鬼も正体を現すという。

これらの鏡の効用と神獣鏡、三角縁画像鏡が三位一体となって、中国の縛りを解き放った径九寸の三角縁神獣鏡が出現してくる。

神獣鏡（写真1-a）は伯牙《はくが》の弾琴で西王母《せいおうぼ》と東王父《とうおうふ》の陰陽二神の調和を図り、四獣が天地の秩序を維持し世界の安定を図るものと言われている。銘文にはこの鏡の効用についてこれを持つと出世し、神仙と聖獣が子孫を繁栄させ長寿を保つと書かれている。

初期の三角縁同向式神獣鏡は神獣鏡の伯牙、黄帝、東王父や西王母をそのまま写し取ったもので、神仙の顔は小さくごちゃごちゃしていて鏡の効用はわかりにくい。

これを改良して出現したのが三角縁四神四獣鏡などの鏡（写真1-b）である。この鏡は神仙像と獣像以外は大胆に捨て去りデフォルメしている。残った神仙像や聖獣は大きくはっきりし、この鏡を持てば神仙像と聖獣に守られ邪鬼を近づけず出世し、子孫は繁栄し長寿を保ち安穏な生活が保障されるという鏡の効用がより際だっている。

これら新しく作られた神獣像が大きくてわかりやすい三角縁神獣鏡は、手本にした神獣鏡の神仙や聖獣の決まりが崩れて思想性が希薄になっているが、見ただけでそれ以上の御利益を保証してくれそうである。

王氏が「作風が全然違う」と言ったのは以上のようなことではないだろうか。この二枚の鏡をくらべてみればその違いに納得がいくであろう。

生きていた人間は必ず死ぬ。栄華をきわめた人はなおさら、死んだ後どうなるかを考えずにはいられない。それらの不安についてもこの鏡は解消してくれる。

写真１　神獣鏡から三角縁神獣鏡への文様の変化

a　画文帯同向式神獣鏡（奈良県・ホケノ山古墳出土。
橿原考古学研究所蔵）

b　三角縁神獣鏡（三次元計測画像。奈良県・
黒塚古墳出土。　　橿原考古学研究所蔵）

この鏡の鋭くとがった三角の縁が、人間世界の現世への未練と俗念を断ち切り、その縁を越えてあの世へと入っていく。そこには山（鋸歯文）と川（複波文、三途の川か西方浄土の海か？）の試練が待っているが、この鏡で照らせば軽く越えることができる。この山や川を越えると、そこは待望の神仙世界である。神仙像がやさしく迎えてくれ、獣像とともに死者の安穏を約束してくれる。

このような世界観が三角縁神獣鏡では一目でわかるようになっていたたため、あまたの鏡を押しのけて大ヒットしたのではなかろうか。

そして、この鏡は新しく考案された葬儀の必需品となっていった。

卑弥呼の鏡

これまで卑弥呼の鏡について特鋳鏡説、伝世鏡説などいろいろと検証してきたが、いずれの検証でも三角縁神獣鏡は卑弥呼の鏡とはなり得なかった。

では、どんな鏡が真実の卑弥呼の鏡であろうか。これは当然ながらその当

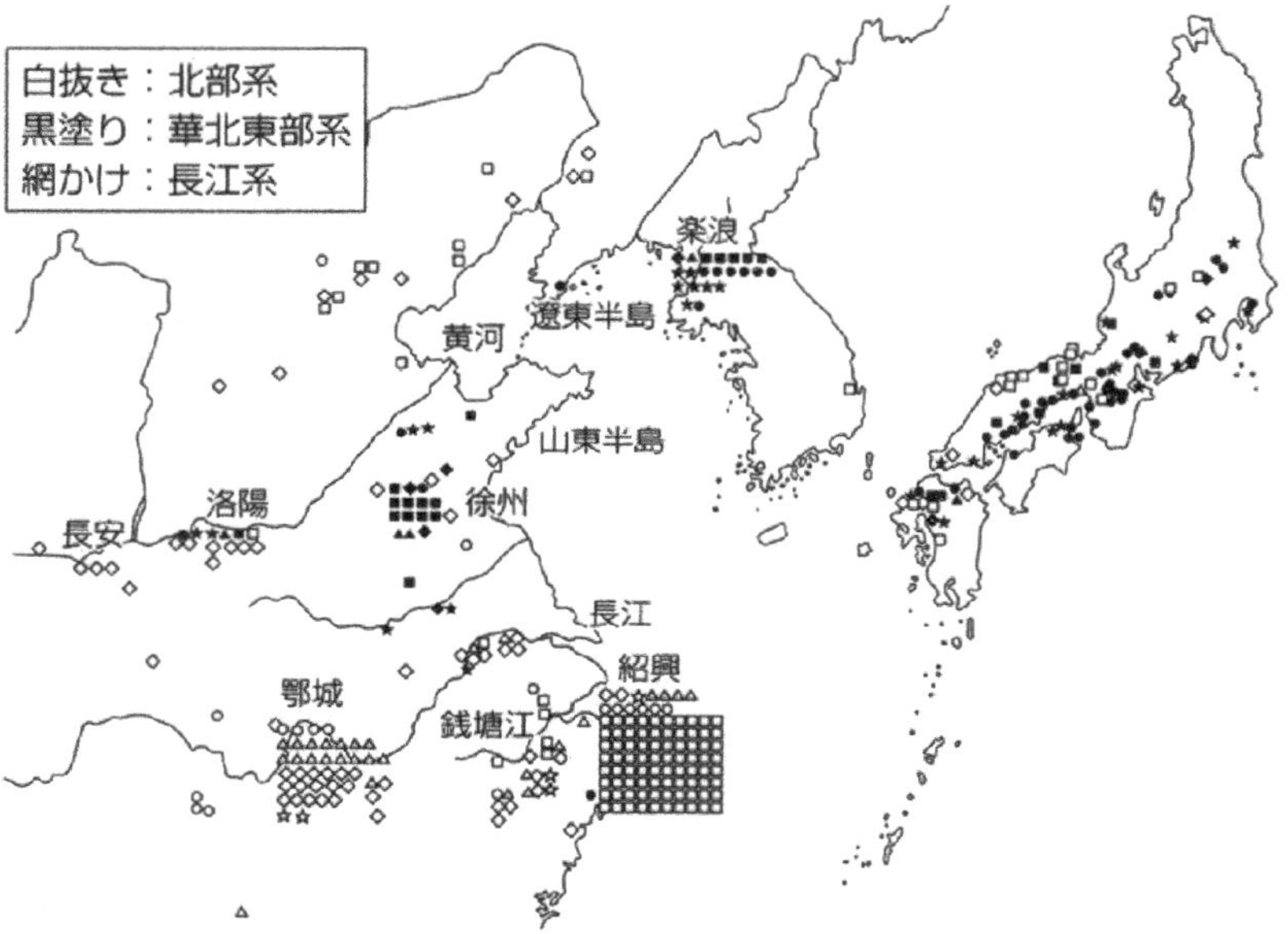

図17　2～3世紀の中国鏡の分布
出典：森下章司『古代の鏡と東アジア』（学生社）をもとに作成）

時魏の国で作られていた鏡の可能性が高い。

中国と日本でその当時の鏡の出土状況をプロットしたものがある（図17）。

これは森下氏が「古代の鏡と東アジア」というシンポジウムで提示されたものである。

これを見ると2～3世紀に中国で作られた鏡は日本でも出土していることがよくわかる。

一方、三角縁神獣鏡は図17に入ってないので新しく作ると図18になる。

図 18　三角縁神獣鏡とだ龍鏡の分布
出典：藤本昇著『卑弥呼の鏡』

この図からこの鏡が北海道、東北の一部を除いた全国に広く分布していることがわかる。

これに対し、中国では全く出土していないことも一目瞭然である。朝鮮半島付け根付近の楽浪郡でも全く出ていない。

これに日本だけで出土するだ龍鏡（神獣鏡をモデルに作ったと言われる。山口県の柳井茶臼山古墳から、44.8センチの大型鏡が出ている）をプロットしてみる（図18）。この鏡は日本だけで出土し、中国からは出土していない。当然、中国鏡と言う人はいない。

もう一つ、時代は遡るが弥生時代の近畿地方を中心に分布する銅鐸を考えてみよう。これは、図にプロットするまでもなく、日本からしか出土しないのでこれを中国製だと言う人はいない。あたり前のことである。

しかし、三角縁神獣鏡だけは違う。日本では五百枚以上出土しているが、中国では一枚も出てこないのに魏鏡だと言う学者が多い。

なぜだろうか。

この鏡を色メガネで見ているからではないか。つまり魏の皇帝から貰った鏡という先達の先入観というフィルターを通してしか、この鏡を見ることができないのであろう。

中国の考古学者徐苹芳氏は、その頃中国北方の魏の国で流行した鏡として方格規矩鏡、内行花文（蝙蝠鈕座）鏡、獣首鏡、き鳳鏡、盤龍鏡、鳥文鏡、位至三公鏡等をあげている。

結局、卑弥呼が貰った鏡は徐氏が言うように福岡県を中心に北部九州から主に出土する方格規矩鏡、内行花文（蝙蝠鈕座）鏡、き鳳鏡、獣首鏡、位至三公鏡などである。

第4章　考古学的検証

鉄

「鉄は国家なり」少し大げさかもしれないがよく言ったものである。

今も昔も鉄は社会、経済、政治を支えている。鉄器を早く武力として用いた者が青銅や石器を武器とする国を駆逐していく。特に弥生時代は顕著であった。

それまでの石や銅の武器とくらべると数倍以上の威力があり、鉄を制するものが国を制したのだ。

魏志東夷伝で弁辰の国では鉄を産出し、韓濊、倭の国々はその鉄を取っているという。

倭人伝には矢の鏃には鉄鏃を使うとし、兵は矛や刀を持っている。

これらの鉄はどこから出土するのか。弥生時代の遺跡から出るのは福岡県を主とした北部九州からしか出てこない。

北部九州では首長墓に鉄製武器を副葬しており、鉄製の農工具等も圧倒的に多い。

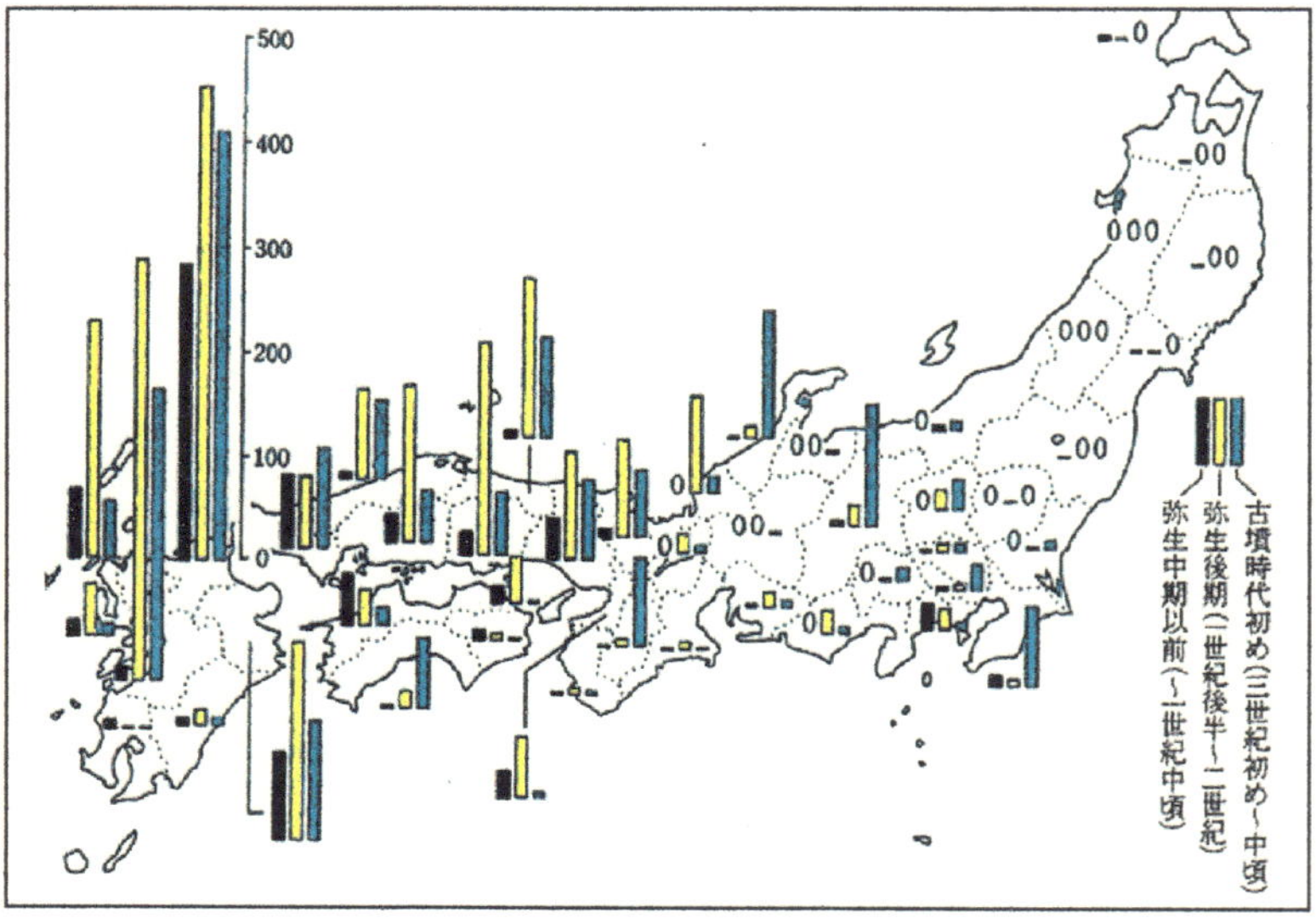

図 19　県別にみた鉄器の出土数

鉄器は弥生時代を通じて圧倒的に北部九州に集中する。３世紀初めにヤマト王権が誕生してもいぜんこの傾向は変わらないが、東日本にも普及しはじめる。この直後、３世紀後葉以降の定型化した前方後円墳からの大量の鉄器副葬によって九州と近畿の鉄器量は逆転する（川越哲志『弥生時代鉄器総覧』［2000 年］を一部時期補正して作成）出典：寺澤薫「王権誕生」2000（着色：櫂歌書房）

これらの鉄器は全国均一にあるのではない。

全国の鉄器の出土数は図19のようになる。

一見してわかるように三世紀中頃までの鉄器の出土数は圧倒的に北部九州にかたよっている。

弥生中期以前は福岡県が断然多い。後期になって熊本県、佐賀県も増加し、中国地方にも出てくるようになる。

三世紀になっても北部九州の優位は変らない。

邪馬台国畿内大和説の奈良県に鉄器が出てくるのは三世紀になってやっと出てくる。

後漢書で拘奴国とされる岐阜、愛知の両県でもこの時代鉄器の出土はほぼ0である。

倭人伝には兵は鉄の鏃の他鉄刀や矛を持っていると書いてある。

奈良県や岐阜愛知の両県には兵が持つとされる鉄の武器などほとんどなく、どうして戦争ができるのか理解しがたい。

邪馬台国畿内大和説の人は鉄が出土しないことを次のように言い訳する。

一．鉄はあったんだけど錆びてなくなった。

鉄が錆びてなくなるというが、針のようなごく小さいものであればなくなるかも知れないが、錆びてもなくなることはなくほぼ原型をとどめた錆鉄として残るものである。

その証拠に古墳時代になると鉄刀などが古墳から続続と出土してくる。

弥生時代だけ期間限定でなくなるというのは常識では考えられない。鉄器がその当時なかったから出てこないというだけのことであろう。

二．石器の量が減っているから鉄があったし、リサイクルしたから出てこない。

北部九州などでは石器の減少につれて鉄が増えている。しかし、近畿地方では石器の量が急激に減少したのに鉄器は増加していない。

鉄が増加しない理由としてリサイクルしたからと言うがこれも常識とかけはなれている。

リサイクルをするのは鉄の不足を補うために再利用することであり、形は変化しても鉄は鉄で他の金属に化けることはなく、錆びても溶けたりしてなくなることはない。

石器の減少が鉄器の増加を招くというごく普通の現象が近畿地方では生じなかったという事実は今後の課題であろう。

三．副葬する慣習がなかったから

近畿地方の墓からはこの時代の鏡や鉄器が出土しない言い訳に使われる。

出土しないのはその当時この地域に鏡や鉄器がないので副葬したくても出来なかったからと一般の人は考えるだろう。

しかし、畿内大和説の人はそうは考えない。

北部九州ではそれらを副葬する慣習があったが、近畿ではその慣習がなかったからという。

弥生時代近畿地方は銅鐸の祭祀が行われていて鏡など必要でない時代であった。

その証拠に古墳時代になると副葬の慣習などなかったはずの近畿地方でも鏡や鉄器などが古墳から続続出土するようになる。

ということは副葬の慣習が有るか無いかではなく、それらの物が有るか無いかということであろう。

いくら副葬したくても物が無ければ出来ないというだけの話である。

ここでも「(昔は) あったんだけど (今は) ないんだよ」と見えない物が見えるヴァーチャルリアリティという考古学を否定するような話であろう。

絹

倭人伝には倭人は養蚕を行ない糸を紡いで絹織物や綿織物を作っているいると書かれている。

卑弥呼は景初三（二三九）年魏の皇帝に使いを出し沢山の賜物をもらった。その中で多いのが絹などの織物で抜きんでている。

その絹が近畿大和から出てこない。古墳時代になってやっと出てくる。正始四年（二四三）年にも魏に使いを出し、倭錦や綿、織物を献上していて、邪馬台国では弥生時代から大量に絹や綿があったことがわかる。

その絹の出土状況はどうであろうか。図20でわかるようにもっとも早く弥生前期の有田遺跡（福岡市早良区）から出ている。

弥生中期になると吉武高木（福岡市）、比恵（福岡市）、栗山（朝倉市）、立岩（飯塚市）、須玖岡本（春日市）、朝日北（佐賀県）、吉野ケ里（佐賀県）の各遺跡から数多く出土しているが、皆九州北部であり、奈良をはじめ近畿にはまったく出ていない。

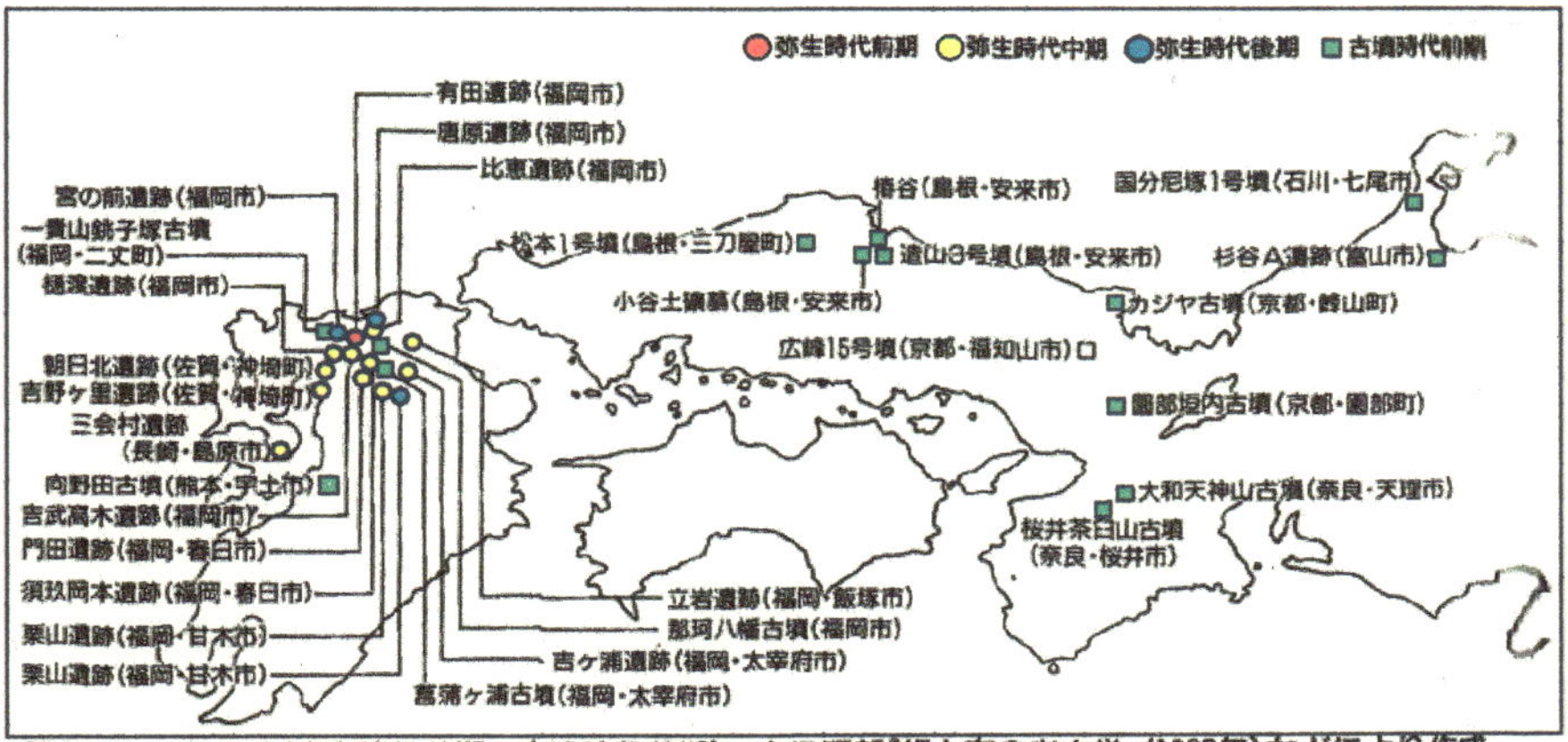

絹を出土した遺跡(弥生時代前期～古墳時代前期)。布目順郎『絹と布の考古学』(1988年)などにより作成

図20　絹を出した遺跡

出典：「邪馬台国物産帳」柏原精一　河出書房新社（着色：櫂歌書房）

弥生後期になって宮ノ前（福岡市）、唐原（福岡市）、栗原（朝倉市）の各遺跡からも出てくるが、奈良をはじめ近畿ではまだ出てこない。

これは養蚕を門外不出の技術として他国への移転をきびしく禁止していたためであろう。

布目順郎氏は「絹の東伝」で「鉄と同じく養蚕は門外不出の技術だった。少くともカイコが導入されてから数百年間は九州が日本の絹文化を独占していたのではないか」と言われている。

奈良や近畿にも絹が出はじめるのは二五〇年代畿内大和の新国家建設後で、古墳が作られるようになった四世紀前後になる。

図20がその様子を如実にものがたっている。

三種の神器

日本では古くから皇位継承のしるしとして、代々の天皇に受け継がれる三種類の宝物があり、鏡、剣、勾玉を「三種の神器」という。

この三種の神器の萌芽は早くも紀元前三世紀頃の福岡市の吉武高木遺跡に表われている。

そこには鏡、剣、勾玉など三種の神器とされるものが副葬され北部九州で受けつがれている。

四世紀前後になると古墳が作られるようになり、そこから三種の神器と言われる鏡、剣、勾玉がセットで出てくるようになる。

これらの神器が畿内大和地方に昔からあったかというとまったくない。この地方は銅鐸の祭の時代が続き、墓は周囲を四角い溝で区画した方形周溝墓が弥生時代では一般的であった。

そこからは鏡など副葬品はほとんど出ない。

普通の人は遺物が出土しなければその時代にはその品物はなかったと考える。

しかし、近畿地方の考古学者を中心に、近畿の弥生時代には鏡や武器などもあったんだけどそれらの品を個人の墓に副葬する習慣がなかったためだという非副葬説を声高に唱える。

この非副葬説は考古学的見地からは証明不可能な屁理屈にしか見えない。

物があれば副葬しなくても住居跡などの遺跡などから出てくると思われるがそれもない。

三種の神器は権力者の権威の象徴でもある。

弥生時代近畿大和地方で銅鐸の祭祀が行われており、均質な周溝墓群が権力者のいない平等な社会であったことを如実に示している。

近畿在住の考古学者寺澤薫氏は非副葬説について「最新邪馬台国事情」で

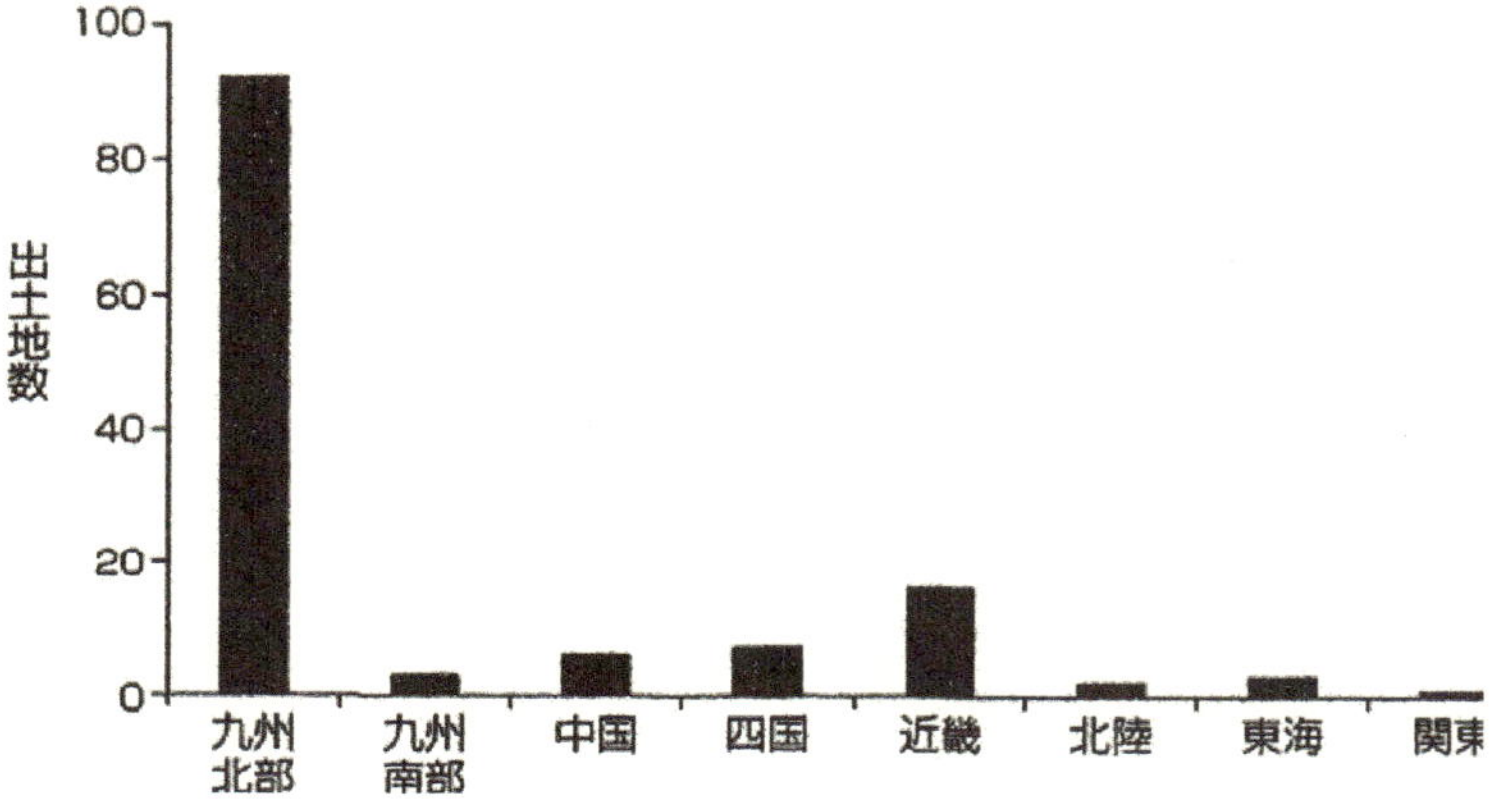

図21　地方別弥生時代中国鏡出土地数

言っている。

「しかし、私はそうは思わない。ないものはないのだ。」

鏡

卑弥呼は魏の皇帝から銅鏡百枚を貰っている。これは卑弥呼が鏡愛好者であることを魏が知っていたから、外交儀礼の一つとして彼女に賜物したのであろう。

ということは卑弥呼が魏に朝貢する以前から邪馬台国では鏡が重宝されていたことの証明でもある。

その時代の鏡の出土状況は図21になる。

北部九州では紀元前後から鏡の副葬が見られ、

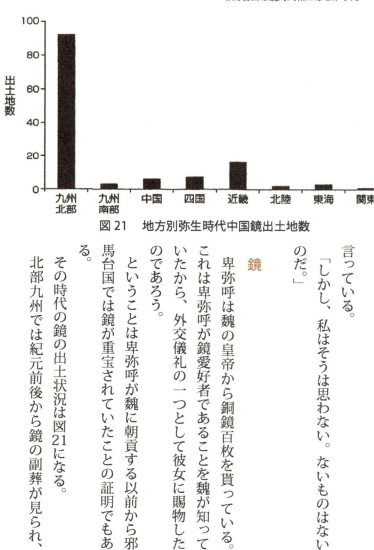

福岡市吉武高木遺跡から多鈕細文鏡と銅剣が出土している。

糸島市の三雲井原遺跡、平原遺跡などから百枚をこす鏡が出土しているし、春日市の須玖岡本遺跡でも大量に出土している。

佐賀県からも数多く出土している。

一方、奈良県からは弥生時代に限ると出ていない。出ないのがあたりまえである。

和辻氏を引き合いに出すまでもないように、弥生時代近畿地方は銅鐸の祭の時代で鏡など必要のない時代であった。

奈良県を中心とする畿内大和や近畿地

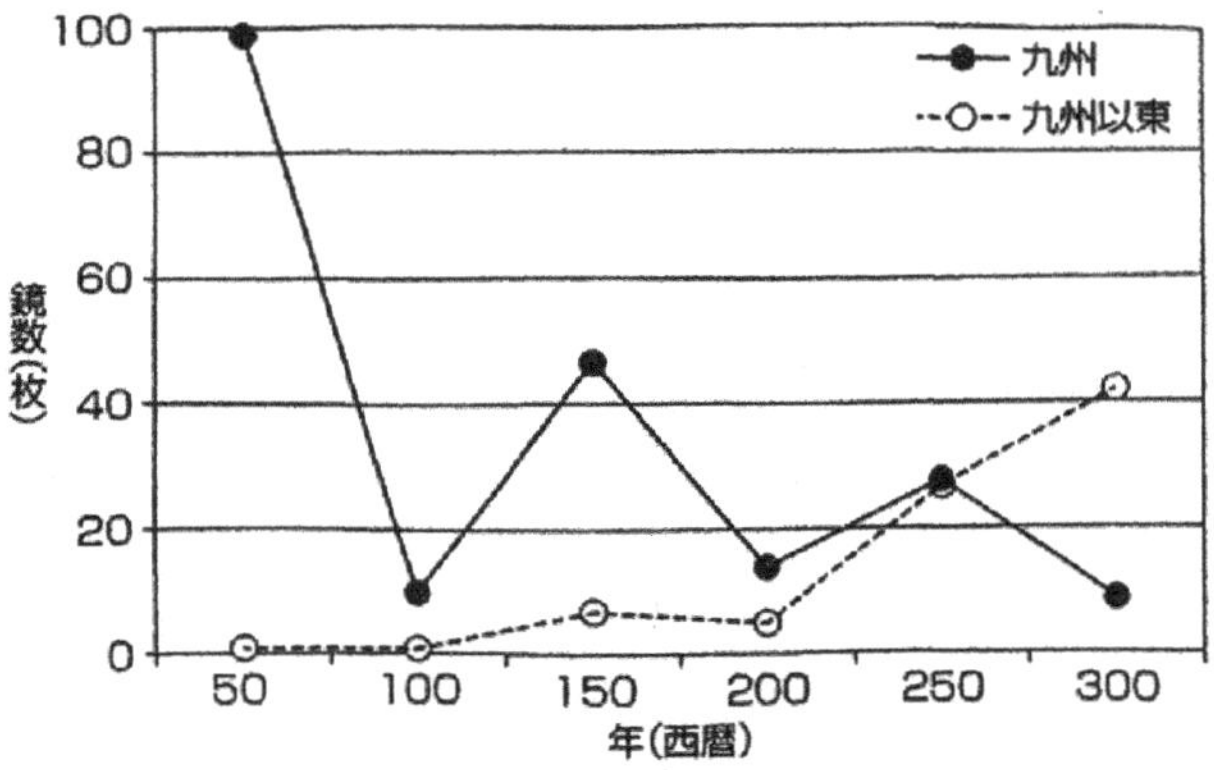

図 22　漢鏡の出土数

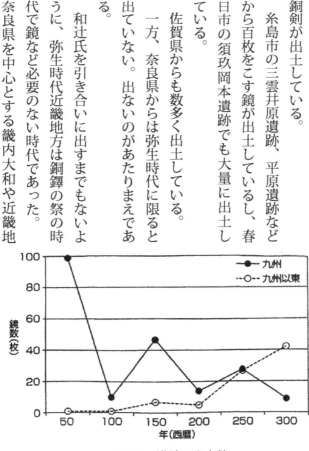

方で鏡が出土するようになるのは三世紀後半となる。

鏡の出土数を時代ごとにグラフにすると図22のようになる。

古墳時代になると京都府椿井大塚山古墳、天理市黒塚古墳などから三角縁神獣鏡をはじめ各種の鏡が大量に出土するようになる。

弥生時代北部九州で始った銅鏡の大量埋納の風習がしっかり受けつがれている。

つまり、三世紀半ば頃の新国家誕生と軌を一にして鏡も大和で続続出てくることになる。

纏向《まきむく》遺跡

三世紀の初め三輪山の麓の小高い扇状地に出現している。その頃近くで栄えていた唐古、鍵遺跡など弥生時代から発展してきた拠点的な環濠集落の多くが衰退している。

その広さは一㎞四方に及び、大量の外来系土器が出土してその割合は30％

を越えている。

外来系土器の内特に東海地方の土器が多いから狗奴国東海説の根拠とされている。

しかし、倭人伝では卑弥呼の女王国と狗奴国とは素より和せず、つまり昔から仲が良くなかった国である。その敵対国から女王国に大量の土器が搬入されていることになる。

常識ではとうてい無理と思われることが前提となっていて、密輪でもしないかぎり敵対国からの搬入などまず考えられないし、あまり金目もない安い土器を無理して持込まなくても自分達で作ることも出来る。

纒向は三世紀初めからあったと言われる。

寺澤氏は次のように言っている。

「年代的に弥生時代の後期にあるはずの邪馬台国の痕跡は全くといっていい程纒向遺跡には見当たらず、とても邪馬台国の所在地とは考えられない。」

としている。

また纒向発掘者でもある関川尚功氏も次のように言っている。

「纒向遺跡は三世紀には成立するがこの頃は遺構も少なく、卑弥呼や台与の時期と思われる遺構は全体のわずか10％ほどで、この時期にはとても邪馬台国の所在地とは考えられない。纒向遺跡が急速にふくれ上がるのは台与の時期より後のことではないかと思われる。」

纒向はこの言質のとおり、三世紀の中頃から急激に膨張し1.5㎞四方にも及ぶ都市となり、巨大な運河は2.6㎞にもなるという。

その三世紀半ばといえば北部九州にあった邪馬台国が中心になり、吉備、讃岐などの瀬戸内海沿いの国や出雲などとともに中央集権国家建設を目指して畿内大和の地へ進出して来た時と軌を一にしている。

となれば外来系の土器が多いのは中央集権的な統一国家建設の大事業に多くの国の人々が賛同し参加した証拠と考えられる。特に畿内大和に近い吉備、東海地方の土器が多いのも、そこから土器持参で多くの人が流入した結果に他ならない。

寺沢氏は言う。「纒向ほど大量に広域の土器が出土するのはめったにない。そこには単に社会経済上の物流では説明しがたい「政治的な理由」があるのでは。」とされている。

まさに「政治的な理由」、それが「中央集権的な統一国家の建設」であることは論をまたないことは明らかであろう。

この倭国統一にあたって北部九州及び吉備などの西日本一帯がこの事業に関与したことを裏づけるものが前方後円墳というまったく新しい墓制に色濃く表われている。

前方後円墳を構成する要素である墳形、墳丘の大きさ、埋葬施設や副葬品などについてみてみよう。

まず、墳形は吉備の双方中円墳で知られる楯築墳丘墓の影響を受けており、双方の一方を取ると前方後円墳そのものになっている。

墳丘の大きさは北部九州の方形墳丘墓、出雲の四隅突出型墳丘墓や吉備の

				北部九州	吉備	出雲	近畿
墳形					○		
墳丘の大きさ				○	○	○	
葺石・貼石					○	○	
周濠							○
埋葬施設	石室内		棺と槨		○		
			朱	○	○	○	
		副葬品	鏡	○			
			鉄武器	○		○	
			三種の神器	○			
	石室外		特殊器台・壺		○	○	
			弧帯文様		○		

表8　前方後円墳の構成要素

楯築墳丘墓など大きな墓から発展していることがわかる。

貼石や葺石なども出雲や吉備などの弥生墓に見られる。

埋葬施設では石室に棺と槨が作られるようになるが、これは楯築に初源がある。

墓に朱を入れるのは早くは北部九州に初源があり、出雲、吉備などに拡がっている。

副葬品の鏡、鉄器、武器をはじめ、三種の神器も北部九州由来であることは論をまたない。

石室外周には吉備・出雲の特殊器台や吉備の弧帯文様などが配されている。

古墳の周濠などに近畿地方に見られる方形周溝墓の影響が見られる。

これらの諸要素をまとめると表8になる。

こうしてみえてくるのは近畿由来と言えるものはほんのわずかしかなく、中央集権国家建設に北部九州や吉備などの西日本一帯が深く関与したことがよくわかる。

あとがき

あれっ、ない。おかしいな。漢書地理志の漢本土を読んで気がついた。史書では里程と日数の二通りの表記法があるはずであった。

読み損なったともう一度読みなおす。がやっぱりない。そんなことはないだろう。

三度目は指でなぞって慎重に読みなおす。がやはりない。漢本土では里程だけで、日数が出てくるのは郡国についてまとめてある最後にやっと出てくる。そこはもう南蛮の地である。今までの知識とどうも違う。

そこで西戎とされる西域伝をみると日数が良く出てくる。

これはひょっとしたら里程と日数は使い分けされているのではないか。使い分けのある可能性のある言葉は中国特有の「華夷思想」である。これは漢が一番偉く、周辺の国々は夷蛮で劣った民族として見下だす差別思想である。

これは距離を表わすのに漢人は里程で書くが、夷人は日数でしか書けないと華夷思想で差別的に使い分けしている。

その目で倭人伝を読むときわめて明快になってくる。対馬から不彌国までちゃんと里程で書いてある。ということは魏使は不彌国迄来ていることになる。

倭人は里程で距離を表わすことは出来ない。

次に「南至邪馬台国水行十日陸行一月」とくる。「水行十日陸行一月」という日数表記は夷人である倭人が言った言葉であり、これは作者の陳寿が自分の目的に沿って挿入したフレーズということになる。どうして入れたかは別な視点から第二章で明らかにした。

第二章では張政が女王台与に「檄」を作り告諭しているが、これまでの訳者でこの「檄」を正しく解釈した人は居ないようである。

そこで「檄」とは何ぞや調べてみる。これまでの訳文は「檄」本来の意味からかなりずれているのがほとんどであった。

当時の東アジアの動きを魏、呉、半島などとの交流史をみると魏の考えが自然と浮きぼりになってくる。

倭国の位置は呉の東、半島の南にあり遠交近攻の政策にどんぴしゃりの所にある。この倭国を利用しない手はないであろう。卑弥呼に対する破格のもてなしもよくわかってくる。

だが、この倭国はまとまっているようだが弱小国家の集りで今のままでは役立たない。

しかし、千里の東にも同じ倭人がいるという。

それらの人を巻きこんで新しい統一倭国となる中央集権国家を作ることが必要である。

魏国の方針は決ったが、受け入れ側の倭国はどうか。受け入れ側の認識が魏と大きくずれていたら話にならない。単なる踊る阿保にしかならないだろう。

しかし、その心配はいらない。

倭国には親魏倭王以下魏の首都洛陽まで行き、魏の武官となった中郎将や校尉などが十名以上いる。

洛陽までの半年の道のりはどこまで行っても魏国の版図であった。その大きさに度胆を抜かれる。国とはこんなにも大きいのか。

洛陽の都では政治、経済、文化や社会にふれて強いカルチャーショックを受け、呉の国という危険な国がすぐ近くにある事を知る。

このままの無防備な弱小国家ではダメだという気持をみんなが共有していたのである。

だから張政の「檄」を躊躇することなく受け入れ、西日本諸国に檄を飛ばし魏の権威を後楯にして倭国統一国家を作るべく畿内大和をめざしたのである。

京都大学名誉教授の上田正昭氏は「邪馬台国と纏向遺跡」の中で「九州説の皆さんには是非邪馬台国のその後の説明をしていただきたい」と言われている。第二章がその問いの答えとなっていると思う。

邪馬台国は東遷したのでもなければ、東征したのでもない。畿内大和つまり纏向の地に新しい倭人の統一国家を建てるべく、西日本諸国をいざなって東へと歩を進めたのである。

だから纏向は三世紀の中頃から急激に膨張して政治の中心となっていく。ヤマト朝の誕生である。これは纏向の考古学の発掘成果と十分整合している。

これ以上の説明はいらないであろう。

第三章では卑弥呼の鏡と言われる三角縁神獣鏡について各種科学機器の進歩によるデータから論証している。

鉛同位体比というといかにも難しそうに見えるらしい。鉛中の同位体の割合を示したものであるが、なかなかこの鏡の真の姿を明らかにしてくれなかった。二軸グラフの限界を四軸のレーダーチャートがこの鏡と華南系の鏡が違う鉛であることを見せてくれた。

この他デジタルマイクロスコープによる手ずれ説の否定、三次元レーザー計測による舶載鏡、仿製鏡の区分の否定など科学機器の進歩により大きな成果が上がっている。

〈参考文献〉

著作者	書名	出版社	発行年
小竹　武夫	漢書　上巻・下巻	筑摩書房	１９７７
今鷹　真　他	三国志　Ⅰ、Ⅱ	〃	１９７７
直木　考次郎　他	史話日本の古代２　謎に包まれた邪馬大国	作品社	２００３
西嶋　定生	邪馬台国と倭国	古川弘文館	１９９４
大庭　脩	親魏倭王	学生社	２００１
古田　武彦	邪馬台国はなかった	角川文庫	１９７７
松本　清張	古代史疑	中央公論社	１９７４
金関恕　監修	古代の鏡と東アジア	学生社	２０１１
渡辺　義浩	魏志倭人伝の謎を解く	中央公論社	２０１２
森　浩一	倭人伝を読みなおす	筑摩書房	２０１０
寺沢　薫	王権誕生	講談社	２０００
寺沢薫・武末純一	最新邪馬台国事情	白馬社	１９９８

宝島社　別冊宝島「古代史15の新説」　宝島社　2016

辻田　淳一郎　鏡と初期ヤマト政権　すいれん社　2007

佐伯　有清　魏志倭人伝を読む（上・下）　吉川弘文館　2000

岡村　秀典　三角縁神獣鏡の時代　〃　1999

坂田　邦洋　倭・倭人伝・倭国伝　つちや軽印刷　1991

折尾　学　三国志「魏志倭人伝」　吉野ケ里公園管理センター　2010

安本　美典　「邪馬台国畿内説」徹底批判　勉誠出版　2009

〃　大炎上三角縁神獣鏡　〃　2013

安本　美典　三角縁神獣鏡は卑弥呼の鏡か　廣済堂出版　1998

奥野　正男　邪馬台国の東遷　梓書院　2012

〃　邪馬台国の鏡　〃　2011

〃　邪馬台国紀行　海鳥社　1993

平野邦雄・樋口隆康　シンポジウム 邪馬台国が見えた　学生社　2001

平野　邦雄　邪馬台国の原像　〃　2002

榊原　英夫　邪馬台国への径　海鳥社　2015

王　仲殊　他　三角縁神獣鏡の謎　角川書店　1985
王仲殊・樋口隆康他　三角縁神獣鏡と邪馬台国　梓書院　1997
水野　正好　他　邪馬台国と安満宮山古墳　吉川弘文館　1999
下垣　仁　三角縁神獣鏡研究事典　〃　2010
車崎　正彦　編　考古資料大観5　小学館　2003
井上洋一・森田稔編　〃　6　〃　2003
福永　伸哉　三角縁神獣鏡の研究　大阪大学出版会　2005
藤本　昇　卑弥呼の鏡　海鳥社　2016
森　浩一　編　日本の古代「倭人の登場」　中央公論社　1985
大和　岩雄　新邪馬台国論 邪馬台国は二カ所あった　大和書房　2000
海野　一隆　東洋地理学史研究　大陸編　清文堂　2004
山尾　幸久　新版 魏志倭人伝　講談社　1986
石野　博信　他　邪馬台国と纏向遺跡　学生社　2011
石野　博信　編　古墳とは何か　新泉社　2013
石野　博信　編　邪馬台国とは何か　〃　2012

常松　幹雄　最古の王墓　吉武高木遺跡　新泉社　2006
高倉　洋彰　弥生時代の小型仿製鏡について　季刊邪馬台国32号梓書院　1989
梓書院　考古学データベース　季刊邪馬台国77号　〃　2002
橿原考古学研究所編　黒塚古墳調査概報　学生社　1999
平尾　良光　他　古墳時代青銅製品の鉛同位体比「考古学雑誌」97.3　日本考古学会　2013
馬淵　久夫　三角縁神獣鏡の原材料産地に関する考察「考古学雑誌」98.1　〃　〃
馬淵　久夫　他　鉛同位体比法による漢式鏡の研究（一）（二）「MUSEUM」1982bC　東京国立博物館　1982
〃　福岡県出土青銅器の鉛同位体比「考古学雑誌」75.4　日本考古学会　1990
馬淵　久夫　弥生古墳時代仿製鏡の鉛同位体比の研究　研究成果報告書　1996
関川　尚功　庄内式土器について　季刊邪馬台国43号　梓書院　1990

文献は主に福岡県立図書館、福岡市立総合図書館、和白図書館などのお世話になりました。

また本文の入力、文章のチェック、校正等弟茂に助けてもらった。ありがとう。

著者略歴

藤本　昇（ふじもと　のぼる）

昭和 15 年生
〃 34 年　福岡県立香椎高等学校卒業
〃 43 年　九州大学農学部農芸化学科卒業
〃 45 年　福岡市役所
公害の対策と調査、環境アセスメント
博多湾浄化のため、下水道水中の赤潮成分である
窒素、リンを肥料として回収できるＭＡＰ法を
平成元年、世界で初めて開発
福岡市で稼働中

著書『まぼろしのオーロラ村』
『卑弥呼の鏡』（海鳥社）

邪馬台国は畿内大和にはなかった

発行日　2017 年 12 月 1 日　初版 第 1 刷

著　者　藤本　昇
発行者　東　保司

発 行 所
櫂 歌 書 房

〒 811-1365　福岡市南区皿山４丁目 14- 2
TEL 092-511-8111　FAX 092-511-6641
E-mail:e@touka.com　http://www.touka.com

発売所　株式会社　星雲社
〒 112-0005　東京都文京区水道 1-3-30